時世妝

黃天題

窥斑见豹

An einem einzigen Fleck im Fell kann man einen Leoparden erkennen.

©	Elisabeth Sandmann Verlag GmbH, München
	1. Auflage 2009
	ISBN 978-3-938045-41-1
	Alle Rechte vorbehalten
Vorwort	Lynn Pan, übersetzt von Eva Plorin
Einführung und Textporträts	Marc Nürnberger
Ausblick	Elisabeth Sandmann, basierend auf einem Gespräch mit Xiao Hui Wang
Redaktion	Antonia Meiners, Eva Römer
Gestaltung	Kuni Taguchi
Herstellung	Karin Mayer, Peter Karg-Cordes
Lithografie	Christine Rühmer
Druck und Bindung	L.E.G.O., Vicenza

Besuchen Sie uns im Internet unter www.esverlag.de

Marc Nürnberger

Sanfte und mächtige Frauen aus China

Kaiserinnen, Künstlerinnen, Konkubinen

INHALT

Vorwort von Lynn Pan — 8
Einleitung von Marc Nürnberger — 14

GÖTTINNEN & UNSTERBLICHE — 20
Nüwa :: Schöpfergöttin — 22
Xiwangmu :: Königliche Mutter des Westens — 25
Chang'e :: Göttin des Mondes — 29
Die Dame Fan :: Frau des Unsterblichen Liu Gang — 32

KAISERINNEN — 38
Lü Zhi :: Kaiserin der Han-Dynastie, 241–180 v. Chr. — 40
Wu Zetian :: Kaiserin der Zhou-Dynastie, 624–705 — 46
Kaiserinwitwe Cixi :: Herrscherin der Qing-Dynastie 1835–1908 — 51

FEMMES FATALES — 56
Mo Xi :: Konkubine des letzten Königs der Xia, 17./16. Jh. v. Chr. — 58
Da Ji :: Konkubine des letzten Königs der Shang, 11. Jh. v. Chr. — 60
Bao Si :: Konkubine des letzten Königs der Zhou, 8. Jh. v. Chr. — 64
Zhao Feiyan :: Konkubine des letzten Kaisers der Han-Dynastie, 31–1 v. Chr. — 68

DIE VIER SCHÖNHEITEN — 72
Xi Shi :: »…die Fische vergaßen zu schwimmen«, 5. Jh. v. Chr. — 74
Wang Zhaojun :: »…die Vögel vergaßen, mit den Flügeln zu schlagen«, 1. Jh. v. Chr. — 77
Diaochan :: »…der Mond verbarg sich« — 80
Yang Guifei :: »…die Blumen verwelkten freiwillig«, 719–756 — 85

KURTISANEN — 90
Su Xiaoxiao :: Singmädchen der Qi-Dynastie, 5. Jh. — 92
Yu Xuanji :: Dichterin der Tang-Dynastie, 844–868? — 96
Chen Yuanyuan :: Singmädchen am Ende der Ming-Dynastie, 1623–1695? — 98

KÜNSTLERINNEN & GELEHRTE — 102
Li Qingzhao :: Bekannteste Dichterin Chinas, 1084–1151? — 104
Guan Daosheng :: Die große Dame der chinesischen Malerei, 1262–1319 — 107
Wang Zhenyi :: Astronomin, 1768–1797 — 110
Wang Yun :: Dichterin und Dramatikerin, 1749–1819 — 114

KRIEGERINNEN — 116
Hua Mulan :: Volksheldin, 5. Jh. — 118
Qin Liangyu :: Generalin der Weiß-Stock-Armee, 1574–1648 — 120
Shen Yunying :: Tochter des Generals Shen Zhixu, 1624–1660 — 122

FRAUEN IM AUFBRUCH — 124
Qiu Jin :: Märtyrerin der Revolution, 1875–1907 — 126
Lü Bicheng :: Schriftstellerin, 1883–1943 — 128
Lu Xiaoman :: Lebefrau, 1903–1963 — 132
Deng Manwei :: Opernsängerin, 1911–1942 — 134
Fang Zhaolin :: Moderne Meisterin der Tusche, 1914–2006 — 138

Ausblick :: Ein Gespräch mit der Fotokünstlerin Xiao Hui Wang — 142

Zeittafel — 146
Literatur — 150
Bildnachweis — 150

VORWORT
von Lynn Pan

Seite aus *Lienü zhuan* (Biografien beispielhafter Frauen) aus der Ming-Ära

Zu sehen ist die Darstellung der vorbildlichen Mütterlichkeit in Gestalt von Frauen, die ihren kleinen Söhnen die Brust geben, sie küssen und herzen. Nachdruck des *Ming ke lidai lienzü zhuan, Tianjin*, Tianjin People's Art Publishing House, 2004

Die Idee der Verlegerin, erstmals in dieser Form die ungemein lange und komplexe Geschichte Chinas von den frühen Anfängen bis in die Gegenwart anhand der Lebensgeschichten chinesischer Frauen – sowohl des wirklichen Lebens als auch aus dem Reich der Mythen – zu beleuchten, halte ich für brillant. Die Hervorhebung von Einzelschicksalen befreit die Frauen aus den vorgegebenen Rollenmustern der Ehefrau, Mutter, Schwiegermutter, Tochter, Schwiegertochter oder der Konkubine und Mätresse, die der weiblichen Individualität jahrhundertelang aufgezwungen wurden.

Historisch bedeutsame Frauengestalten hatten in China kaum Aussicht darauf, mit einer Biografie gewürdigt zu werden, wenn sie nicht als Vorbild dienen konnten. In der ältesten chinesischen Zusammenstellung weiblicher Lebensgeschichten aus dem Jahr 16 v. Chr., dem *Lienü zhuan* (Biografien beispielhafter Frauen), sollten die Frauen lediglich als vorbildliche Beispiele der Tugend dienen. Die unterschiedlichen weiblichen Tugenden, welche anhand der ausgewählten Biografien dargestellt wurden, waren klassische Ideale des Konfuzianismus: Mütterlichkeit, töchterlicher Respekt, Keuschheit, Gehorsam, Güte und Ähnliches. Geschichten über diese Paradebeispiele der Tugend sollten in späteren Sammlungen wieder und wieder aufgegriffen werden. Von diesen Anthologien ist zumindest eine noch heute erhältlich, jedoch weniger aus didaktischen Gründen als vielmehr aufgrund ihrer historischen Bedeutung: Eine Sammlung aus der Ära der Ming-Dynastie mit herrlichen Holzschnitt-Illustrationen, von der ich selbst ein Exemplar des Nachdrucks aus dem Jahr 2004 besitze.

Eine Ehefrau hatte fruchtbar, respektvoll und treu ergeben zu sein, das heißt, sie sollte zahlreiche Söhne gebären, ihrer Schwiegermutter dienen und gehorchen und ihrem Ehemann die Treue halten, selbst über seinen Tod hinaus. Es war so, als ob eine gesamte Familie in einem sittlichen Sumpf versunken wäre, hätte eine Witwe erneut geheiratet oder eine Frau sich angesichts einer drohenden Vergewaltigung nicht selbst gerichtet.

Obwohl es in China keine Witwenverbrennungen gab und man nie davon hört, dass schreiende, um sich schlagende Witwen auf einen Scheiterhaufen geschleift wurden, sind gleichwohl zahlreiche Fälle von jungen Witwen bekannt, die nach dem Tod ihres Mannes Selbstmord begingen. Die Regierung gestand ihren Familien als Anerkennung das nötige Geld zu, um einen Gedenkbogen zu errichten – in der Tat eine Auszeichnung, denn mit derartigen Ehrenmalen wurde normalerweise der Leistungen männlicher Gelehrter und

Eine junge Frau, wahrscheinlich eine Kurtisane; Aufnahme von einem Fotoatelier in Schanghai um 1900, Sammlung der Bibliothek Schanghai.

Beamter gedacht. In sämtlichen hoch entwickelten Kulturen versuchte man, die weibliche Sexualität zu beherrschen. Auch in Europa wurden Frauen dafür gerühmt, eher den Tod zu wählen, als ein Leben in Schande zu führen: In einer Sage aus dem alten Rom erdolcht sich Lucretia, nachdem sie vergewaltigt wurde, und in den Augen der Welt gilt ihr Selbstmord als ehrenhafter Tod. Doch in China beherrschte das Ideal der weiblichen Keuschheit das allgemeine Denken in einem Grad, der an Besessenheit grenzt.

Die von Marc Nürnberger zusammengestellten Lebensgeschichten werden von Porträts illustriert, was mich an ein weiteres Genre chinesischer Publikationen erinnert: jene Bildbände der »Hundert Schönheiten« mit Holzschnitt-Darstellungen berühmter Frauen und ihrer Attribute. Während einige dieser Frauen historische Gestalten sind, stammen andere aus dem Reich der Legenden oder der Literatur. Ebenso wie die Sammlungen von Biografien wandelten diese illustrierten Anthologien im Laufe der Zeit ihr Gesicht. Ich habe einen Band gesehen, der erstmals 1918 veröffentlicht und im Jahr 2004 neu aufgelegt wurde. Die »Schönheiten«, die darin porträtiert werden, sind keine mit Namen genannten Individuen mehr, sondern exemplarische Darstellungen »moderner« Frauen und ihrer Beschäftigungen; sie zeigen sie beim Tanz auf einem Ball oder beim Reiten; und neben Abbildungen mit traditionell femininen Gegenständen wie Büchern und Fächern finden sich ebenfalls Bilder, die sie mit Attributen zeigen, die nur als »westlich« beschrieben werden können, wie mit einer Violine, einem Fotoapparat, einem Telefon oder einer Chaiselongue.

Doch trotz aller augenscheinlicher Modernität sind diese Frauen keineswegs vollkommen emanzipiert. Emanzipation ist eine Art Ausbruch – sozusagen aus der Verborgenheit. Und was aus der Verborgenheit ans Licht kam, war der chinesische Frauenkörper in aller Deutlichkeit. Die Frau von Welt der 1930er-Jahre entledigte sich der weiten, verhüllenden Gewänder der Jahrhundertwende und folgte dem neuesten Modetrend, indem sie ihren Körper in einem *qipao* zeigte, einem schmal geschnittenen Kleid, das seitlich bis zu den Oberschenkeln geschlitzt ist. Das *qipao* kommt zwar mittlerweile wieder in Mode, aber im sozialistischen China galt es als zu bürgerlich und auch als zu aufreizend, um geduldet zu werden, und so verschwand das *qipao* nach der Machtergreifung Mao Zedongs 1949 in den bewegten Zeiten der Umwandlung Chinas in ein revolutionäres Arbeiterparadies von der Bildfläche. Der neuen gesellschaftlichen Hackordnung, welche Bauern über die anderen gesellschaftlichen Klassen erhob, entsprach es eher, kräftige Landmädchen mit glattem (nicht dauergewelltem) Haar, roten Wangen, dicken Armen und großen Händen zu idealisieren. Später dann wirkte man im Rahmen der Kulturrevolution auf das Volk mit kriegerischen und kämpferischen Bildern ein, und so ist es wenig verwunderlich, dass uns auf Plakaten aus jener Ära Frauen mit militärischem und maskulinem Erscheinungsbild begegnen, mit finsteren, hassverzerrten Gesichtern.

Zwischen diesen Frauen und jenen, die in den Drucken der »Hundert Schönheiten« verherrlicht werden, liegen Welten. Ein Wort, mit welchem oft die Figur einer schönen Frau beschrieben wurde, war »biegsam wie eine Weide«. Dieser Ausdruck war schon für

In dieser Reklame (um 1940) trägt die Königin des Schanghai-Kinos Chen Yungshang (geb. 1919) ein *qipao*, ein Kleid, das bis heute ein verbreitetes traditionelles Kleidungsstück in China ist.

sich genommen erotisch aufgeladen. Männer gerieten angesichts einer schmalen – oder »biegsamen«, wie sie es nannten – Taille in Verzückung. In der chinesischen Dichtung finden sich Beschreibungen von Frauen, deren Taille so schmal ist, dass man meinen könnte, schon ein kräftiger Windstoß könne sie zerbrechen. Selbstverständlich galt eine schmale Taille nicht nur in China als sexy. In Europa schnürten sich die Frauen in Korsetts, um ihren Körpern die Form einer Sanduhr aufzuzwingen. Aber auf diese Weise sollte nicht nur die Taille verschmälert, sondern auch die Brüste und Hüften betont werden. Große Brüste oder ausladende Hüften versetzten in China keinen Mann in Erregung. Frauen hatten zart, grazil und zerbrechlich zu sein, um als schön zu gelten. Dem konventionellen Schönheitsideal entsprechend, war eine Frau schön, wenn sie so zerbrechlich war, dass sie kaum das Gewicht ihrer eigenen Kleidung tragen konnte. Und wenn sie kränklich war, umso besser: Kränklich zu sein war der Inbegriff von Weiblichkeit, und der Nimbus einer Frau gewann sogar noch, sollte sie in jungen Jahren sterben.

Und nichts brachte die Weiblichkeit, die Verletzlichkeit einer Frau besser zum Ausdruck als kleine Füße – insbesondere Füße, die auf die Größe von acht Zentimetern zusammengeschnürt wurden und in bestickten Seidenschuhen steckten. Abgebundene Füße, die man »Goldlilien« oder »in Jade geschnitzte Bambusschösslinge« nannte, waren ein Jahrtausend lang, ungefähr vom 10. bis zum 20. Jahrhundert, ein Fetisch. Chinesische Männer wurden psychisch darauf ausgerichtet, diese Füße erotisch zu finden, und so wurden sie erotisch; was zeigt, dass Sex sich tatsächlich im Kopf abspielt. Letzten Endes ist Erotik von der Vorstellungskraft vermittelte Sexualität, und es bedarf schon einer außergewöhnlich lebhaften Fantasie – eher von Gedanken denn von den Sinnen gesteuert –, um diese abscheulichen deformierten Füße aufreizend zu finden.

Das Abbinden der Füße war ein idealer Weg, um Frauen in ihre Schranken zu weisen, aber in gewisser Hinsicht wurde ihnen dadurch auch ihr Stachel genommen. Es war so, als ob die chinesischen Männer ihren Frauen nichts mehr weiter antun müssten, sobald sie ihnen erst einmal die Füße verkrüppelt hatten. Die Frauenfeindlichkeit war in China weitaus weniger ausgeprägt als im Westen, und in der chinesischen Geschichte findet sich kein Beispiel, das Geschehnissen wie den Hexenverfolgungen des 16. und 17. Jahrhunderts in Europa gleichkommt. Und ebenso wenig wurden chinesische Frauen als Ungetüme porträtiert: Medusa, die Gorgonen, die Harpyien usw. haben kein Pendant in China. Frauen, die in der Politik mitmischten, wurden zu allen Zeiten in China als Bedrohung empfunden, doch nicht einmal die böswilligsten Dar-

Die Schauspielerin Chen Yunshang in der Rolle der Hua Mulan in dem Film »Mulan cong jun« (Mulan in der Armee) von 1939

stellungen von Madame Mao (Jiang Qing) in den Pamphleten und Karikaturen, die nach ihrer Entmachtung 1976 überall auftauchten, zeigten sie als furchterregend.

Zusammenfassend kann also gesagt werden, dass jahrhundertelang die beiden höchsten Ideale der Weiblichkeit Keuschheit und Schönheit waren. Ein drittes Ideal war Gelehrsamkeit: So wie die chinesischen Männer allem voran danach strebten, klassisch ausgebildete Gelehrte zu werden, begehrten auch die Chinesinnen Bildung. Wie Marc Nürnberger aufzeigt, machten sich zahlreiche chinesische Frauen – darunter ein außergewöhnlich hoher Prozentsatz an Kurtisanen – einen Namen als begnadete Schriftstellerinnen und Künstlerinnen, und eine beträchtliche Anzahl ihrer Werke – ob Dichtung, Prosa oder Malerei – ist uns überliefert.

All diese Aspekte der Lebenswelt der chinesischen Frauen werden in dem vorliegenden Band beleuchtet. Die historischen Persönlichkeiten, von denen Nürnberger berichtet, erscheinen vielleicht wie aus einer längst vergangenen Welt, doch nicht selten wurden ihre Lebensgeschichten in neuerer Zeit in der Literatur wieder aufgegriffen, andere dienten als Vorlage für Bühnenstücke, Opern, Spielfilme oder Fernsehdokumentationen. So wurde zum Beispiel der äußerst patriotische Film »Mulan cong jun« (Mulan in der Armee) aus dem Jahr 1939 – zwei Jahre nach der japanischen Invasion in China – ein nie da gewesener Kassenschlager und machte Chen Yunshang, die Darstellerin der weiblichen Kriegerin, zum Star. Das Filmstudio dämpfte in Selbstzensur den patriotischen Ton, denn es war mehr als offensichtlich, dass es sich bei den Barbaren, gegen die Hua Mulan in den Kampf zog, um Japaner handelte! Ein weiteres Beispiel ist das Buch von Justin Hill, »Passing Under Heaven« (2004), welches das Leben und die Werke der Dichterin Yu Xuanji in Romanform umsetzt. Aus all diesen Neubearbeitungen treten die Frauen – wie auch aus dem vorliegenden Band – mit einer neuen Unmittelbarkeit hervor.

Nürnbergers Zusammenstellung wirft einen Blick weit in die Vergangenheit zurück und schließt mit der ersten Generation moderner Frauen, die Chinas langsamer, doch radikaler Wandlung entstammt. Heute ist die Langsamkeit einer extremen Hektik gewichen. Die Dinge verändern sich mit einer Geschwindigkeit, wie sie in der Weltgeschichte beispiellos ist. Da Menschen, die sich im Laufschritt bewegen, nicht viele ihrer Traditionen mit sich tragen können, ist aus dieser Eile in Richtung Zukunft eine neue Generation chinesischer Frauen hervorgegangen, deren Vorbilder, Vorstellungen von Weiblichkeit, ja sogar deren Selbstwahrnehmung bislang ein nicht zu entschlüsselndes Gemenge aus Ost und West, Vergangenheit und Gegenwart ist. Eine Frau, deren Werk sich sowohl mit diesem Thema als auch mit anderen Aspekten des heutigen Chinas auseinandersetzt, ist die Fotografin und Buchautorin Xiao Hui Wang aus Schanghai. Und so endet das Buch treffenderweise mit ihren Worten.

Zwei Frauen mit traditioneller Haartracht, Ningpo, Zhejiang, aus: »Illustrations of China and its Peoples«, hg. von Sampson Low, 1874, Foto von John Thomson.

Von Frauen, die untrennbar mit dem heutigem Selbstverständnis Chinas verbunden sind

Die Geschichte Chinas reicht bis ins Altertum zurück – und selbst wenn sie nicht zu allen Zeiten eine Geschichte der Frau ist, so spielt sie doch darin unverkennbar eine tragende Rolle. Gewissermaßen vom Urbeginn der Menschheit an.

China ist längst in der Neuzeit angekommen. Die Lebenswege chinesischer Frauen legen davon reichlich Zeugnis ab. Es tritt darin eine Pluralität zu Tage, die der Größe des Kulturraumes entspricht und den vielfältigen äußeren Einflüssen Rechnung trägt. Chinas Moderne ist dabei alten Traditionen und jungen Idealen zugleich verpflichtet. Durch dieses Spannungsfeld stellt sie auch für die Chinesen selbst eine Herausforderung dar. Der jüngste wirtschaftliche Aufschwung sichert allein die Hoffnung auf Fortschritt. Er kann dafür selbst keine Richtung vorgeben. Die Existenzsicherung in einer alles in ihren Bann reißenden Geldwirtschaft ist nur eine Aufgabe, der sich auch die chinesischen Frauen heutzutage stellen müssen, und die der Suche nach sich selbst oftmals Grenzen setzt. Angesichts einer noch offenen Zukunft kommt dabei langsam auch wieder die große Tradition Chinas in den Blick. Heldinnen längst vergangener Tage stehen in aller Pracht neben den schrillen Ikonen der Popkultur, wenn es darum geht, Orientierungshilfen für eine moderne Weiblichkeit zu geben. Wenn der folgende Band über sanfte oder mächtige Frauen zurück in die chinesische Vergangenheit schaut, dann geschieht das also nicht aus Nostalgie. Er möchte vielmehr dem Leser einige wenige Frauen vorstellen, die untrennbar mit Chinas heutigem Selbstverständnis verbunden sind.

Das Bemerkenswerte dieser Frauen aus dem Blickwinkel der chinesischen Kultur aufscheinen zu lassen war dabei ein zentrales Anliegen. Es geht also nicht darum, zwanghaft zu belegen, dass es auch in China Frauen gab, die sich durchaus mit den Lichtgestalten des Westens messen können. Das wäre angesichts der langen chinesischen Geschichte fast zu leicht und zugleich auch unendlich schade. Denn so chinesisch vielleicht dieser Gedanke des ständigen Vergleichens selbst ist, würden doch die in dieser Gegenüberstellung anzulegenden Maßstäbe das eigentlich Chinesische dieser Persönlichkeiten gänzlich verdecken. Warum den Blick überhaupt nach China richten, wenn er dort doch nur wieder Augen für Bekanntes hat? Wer sich die Mühe macht, China zu suchen, hat mehr verdient. Die Frauen wurden daher als Fremde auch in der Fremde gelassen und eben nicht – handzahm – dem Leser und seinen Selbstverständlichkeiten übergeben. Sie sind Frauen aus China geblieben. So können sie dem Leser auch in all ihrer ursprünglichen Lebendigkeit begegnen. Denn nur aus der Distanz heraus können wir Fremden begegnen und andere achten. Nur aus der Distanz heraus kann man sich in die Augen schauen – und nur aus der Distanz heraus können in erhabenen Augenblicken so wunderbare Dinge wie eine große Freundschaft oder eine neue Liebe ihren Anfang nehmen.

Die folgenden dreißig Skizzen sind nicht mit der Feder des Historikers geschrieben, der heutzutage in erster Linie dazu verdammt ist, zu zeigen, wie es nicht war. Wer das Großartige der chinesischen Frauen erahnen möchte, muss in den Bereich der Poesie vordrin-

Seite 14: Junge Frau, Fotografie aus den 1920er-Jahren.

Eine der legendären »Sechzig Schönheiten« des Qiu Ying (16. Jh.).

gen, denn die ausgewählten Persönlichkeiten bewegen schon seit jeher die Herzen der Chinesen, auch wenn sie als historische Figuren kaum fassbar sind. Offenbar ist ihrem Herzen ein Empfinden eigen, das seine Kraft nicht aus dem Staub der Geschichte nährt. So kann es auch nicht verwundern, dass in China eine Frau durch ein einziges Gedicht unsterblichen Ruhm erlangte oder dass von den Vier Schönheiten wohl nur drei auf dieser Erde wandelten ...

Die Auswahl der Frauen spannt einen weiten Bogen von den mythischen Anfängen der chinesischen Geschichte bis in das letzte Jahrhundert hinein. Göttinnen und Unsterbliche führen den Reigen an. Ohne die Schöpfungsgöttin Nüwa, die Herrin über das ewige Leben Xiwangmu und die Mondgöttin Chang'e kann man kaum Weiblichkeit, wie sie in China gedacht wird, begreifen. Die Geschichten dieser drei Göttinnen bieten auch eine kleine Einführung in das für die chinesische Tradition so typische Denken in Paaren: Yin und Yang – dunkel und hell – sanft und hart – weiblich und männlich. Die Dame Fan, die aus eigenen Kräften die Unsterblichkeit erlangte, ragt nicht nur als Frau aus einer langen Reihe von Meistern hervor, ihr Beispiel soll auf eine Traditionslinie verweisen, welche die im Daoismus seit Anbeginn angelegte Verehrung der Frau wider allen Bestrebungen der im Laufe der Jahrhunderte immer mehr von Männern dominierten Gesellschaft niemals vergessen hat.

Was es hieß, sich als Frau in der Öffentlichkeit durchzusetzen, zeigt das Kapitel der Kaiserinnen. Die Schicksale dieser mächtigen Frauen führen in den Alltag des höfischen Lebens ein, der das ewige Ringen der Frauen um die Gunst des Kaisers widerspiegelt. Der Kaiser herrschte nach außen hin, die Kaiserin kontrollierte die inneren Gemächer. Männer pflügen, Frauen weben. Allein wenn innen und außen Harmonie herrscht, stellt sich Frieden im Reich ein. Diejenigen Frauen, die trotz aller Widrigkeiten am Ende alle Macht allein in ihren Händen hielten, standen ihren männlichen Konkurrenten in keiner Hinsicht nach. Auch wenn das Kapitel nur die Spuren von Lü Zhi, Wu Zetian und Cixi verfolgt, so waren sie bei Weitem nicht die einzigen Kaiserinnen, die durch ihre weise Politik und ihre Entschlossenheit die Geschicke Chinas maßgeblich beeinflusst haben. Die späteren Urteile der Historiografen belegen zum großen Teil, wie wenig die Möglichkeit einer weiblichen Herrscherin im traditionellen Selbstverständnis angelegt war.

Unverzichtbar für das Bestehen am Hof war die Geburt eines kaiserlichen Thronfolgers. Da gemäß den Riten der Ahnenverehrung nur männliche Nachkommen die Ahnenlinie fortführen konnten und kaum eine Sünde schwerer wog, als keinen Erben zu produzieren und damit den Niedergang der Ahnen zu beschwören, lag auf jeder Frau ein immenser Druck, Söhne zu gebären. Die Institution des Konkubinats, welche dem Mann gestattete, neben seiner Hauptfrau noch weitere Mädchen zu sich zu nehmen, verschärfte aus Sicht der Frauen nur noch die Lage. Während die Stellung der Konkubinen klar unter derjenigen der Ehefrau angesiedelt war, konnte gerade am Kaiserhof die Geburt eines lang ersehnten Thronerben die Hierarchie

Nachahmung einer Wandmalerei aus Dunhuang von Zhang Daiqian (1899–1983).

schnell auf den Kopf stellen. Die Gunst des Kaisers verhieß zugleich gewichtigen Einfluss auf die Tagespolitik. Daher versuchten immer wieder mächtige Familien über ihre hübschen Töchter das Ohr des Kaisers zu gewinnen. Die sich daraus ergebende Instrumentalisierung der Frauen erhellt unter anderem das paradoxe Verhältnis zur weiblichen Anmut, das stets zwischen Vergöttlichung und Verteufelung schwankt. Ob Frauen nun als unsterbliche Schönheit oder als Femme fatale in die Geschichte eingingen, hing – das zeigen die zwei Kapitel, welche den unvergessenen Schönheiten gewidmet sind, sehr deutlich – zuvorderst vom moralischen Urteil der nachfolgenden Generationen ab. Der Kontrast von Zhao Feiyans Wespentaille und der barocken Leibesfülle von Yang Guifei lassen überdies den Wandel des weiblichen Schönheitsideals über die Zeiten hinweg erahnen.

Ab der Han-Zeit (206 v. Chr.–220 n. Chr.) wurde versucht, den Frauen Folgsamkeit als höchstes moralisches Ideal vorzugeben: als Tochter dem Vater, als Frau dem Mann, als Witwe dem Sohn. Die Leistungen der Frauen wurden fortan dementsprechend nur noch vor dem Hintergrund der vorausgesetzten männlichen Dominanz gesehen. Wenn Treue und Keuschheit von ihnen verlangt wurde, konnten sie sich bestenfalls noch als gewissenhafte Erzieherinnen der Söhne ihres Mannes, als dessen tugendhafte Frau, weise Beraterin oder – zuletzt – als dessen Rächerin auszeichnen. Der konzeptionelle Rahmen für die Beschneidung der Lebenswelt der Frau stand zwar relativ früh bereits zur Verfügung – er wurde aber erst gut tausend Jahre später von den konfuzianischen Moralisten auf breiter Front durchgesetzt.

Im Zuge des Aufblühens der städtischen Zentren und ihrer Märkte in der Tang-Dynastie (618–907) ergaben sich auch für Frauen neue Lebensräume. Sie nahmen nicht nur als Ladenbesitzerinnen oder Wirtinnen verstärkt am wirtschaftlichen Leben teil, ihre Heimarbeit, durch die sie zuvor nur die eigene Familie mit Kleidern versorgten, konnte nun einen entscheidenden Beitrag zum Einkommen des Haushalts leisten. In den städtischen Vergnügungsvierteln stiegen umworbene Kurtisanen auf, die durch ihre exzellente musikalische und dichterische Ausbildung den Maßstab für hochklassige Singmädchen bis zum Ende der Kaiserzeit setzten. Das Kapitel der Kurtisanen stellt mit Su Xiaoxiao, Yu Xuanji und Chen Yuanyuan drei gefeierte Frauen aus den Vergnügungsvierteln unterschiedlicher Epochen vor.

Wie groß der gesellschaftliche Einfluss dieser Kurtisanen war, mag daran gemessen werden, dass das berüchtigte Binden der Füße wohlmöglich als eine Modeerscheinung aus den Vergnügungsvierteln von der

Tangzeitliche Palastdamen bereiten Seide vor.

gesellschaftlichen Elite als Schönheitsideal übernommen wurde. Die unmittelbaren Folgen dieser gezielten Deformierung der Frauenfüße liegen auf der Hand. Doch ist es fraglich, ob der primäre Zweck tatsächlich in der körperlichen Einschränkung der Bewegungsfreiheit der Frauen lag. Zumindest überwog die erotische Aufladung dieser schmerzhaften Praxis so stark, dass ausgerechnet die prüden Moralisten der Song-Zeit (960–1279), die in anderen Belangen die Frau konsequent dem Manne unterstellen wollten, nichts dafür übrighatten. Trotz dieser Bedenken breitete sich das Binden der Füße in den folgenden Jahrhunderten immer weiter auch auf die unteren Schichten der Gesellschaft aus und konnte erst im letzten Jahrhundert erfolgreich abgeschafft werden.

Das 20. Jahrhundert hielt auch für China eine Reihe von entscheidenden Frauengestalten bereit, die mit ihrem Kampf die über die Jahrtausende gefestigten Beschränkungen für Frauen infrage stellten. Oftmals berufen sich diese heldenhaften Vorkämpferinnen in ihren Selbstzeugnissen auf bekannte Vorbilder aus der chinesischen Geschichte. Daher stellen die beiden Kapitel Künstlerinnen und Gelehrte sowie Kriegerinnen vor, die sich trotz aller gesellschaftlichen Hürden in den Bereichen Kunst, Bildung oder Kriegskunst hervorgetan haben. Den Anfang der Künstlerinnen und Gelehrten macht die vielleicht berühmteste Dichterin Chinas. Li Qingzhao gestattet auch heute noch in ihren Zeilen einen sehr persönlichen Einblick in das kurze Glück zweier junger Gelehrter. Die Malerin Guan Daosheng erschütterte mit ihrer unbestechlichen Bambusmalerei das Selbstverständnis ihrer männlichen Kollegen bis ins Mark hinein. Chinesische Tuschmalerei führt, auf dem von ihr gepflegten Niveau, offensichtlich weit über die Trennung von männlich und weiblich hinaus. Die Dramatikerin Wang Yun formuliert mit ihrem Stück »Traum von Glorie« die Forderung, die Beziehung von Mann und Frau in ein neues, reflektiertes Zeitalter zu überführen, und die Leistungen der Gelehrten Wang Zhenyi auf dem Feld der Astronomie belegen eindrücklich das bisher stets unterdrückte Potenzial der Frauen auf dem Gebiet der Wissenschaften.

Allen Kriegerinnen voran stürmt Hua Mulan, deren Kriegsdienst an ihres Vaters statt inzwischen auch im Westen legendär ist. Es folgen Qin Liangyu und Shen Yunying – beide sind Kriegerinnen, die sich in patriotischem Kampf am Ende der Ming-Zeit unsterblichen Ruhm erworben haben.

Das letzte Kapitel des Buches stellt schließlich fünf moderne Frauen des 20. Jahrhunderts vor. Qiu Jin ist nicht nur eine unvergessene Märtyrerin im Befreiungskampf gegen die mandschurische Qing-Dynastie, sie ist auch eine der bekanntesten frühen Vertreterinnen der chinesischen Frauenrechtsbewegung. Lü Bicheng kämpfte ebenfalls für die Rechte der Frauen und meinte damit keineswegs nur das Tragen von Männerhosen. Sie war sowohl eine der ersten Tierschützerinnen als auch eine der letzten Bewahrerinnen des klassischen Literaturstils. Lu Xiaoman ließ sich in ihrer kompromisslosen Suche nach Liebe und Glück durch nichts einschränken. Sie genoss das Leben in ganzen Zügen, jenseits geltender Moral und Ideale. Die Lebensgeschichte der Deng Manwei führt den Leser in die farbenprächtige Welt der Kantonoper und das tragische Schicksal ihrer Sänger, die trotz ihres Ruhms stets am Rande der Gesellschaft leben mussten. Zum Schluss wird das Leben und Wirken von Fang Zhaolin nachgezeichnet, der es trotz harter Schicksalsschläge gelang, nicht nur ganz alleine ihre acht Kinder großzuziehen, sondern sich mit äußerster Disziplin auch den Traum einer Karriere als gefeierte Tuschmalerin zu verwirklichen.

Wie sieht also die Zukunft der chinesischen Frauen aus? Trotz vieler wichtiger Verbesserungen in den letzten hundert Jahren herrscht leider auch in China keine völlige Gleichberechtigung der Frauen. Die theoretischen Möglichkeiten durch die höhere Lebenserwartung und die Öffnung des Bildungssystems werden immer noch durch die faktische Bevorzugung von Männern auf dem Arbeitsmarkt und in der Familie beschränkt. Die Stärkung der rechtlichen Position der Frau geht inzwischen sogar auf die Ansprüche der heimlichen Geliebten der Ehemänner ein, was wohl Fortschritt und Rückschritt zugleich ist. Auch geht die Entdeckung einer neuen Weiblichkeit vor allem seitens der jüngeren Generationen mit der kommerziellen Vermarktung der Frau als Lustobjekt in der Werbung einher. Ähnlich wie in der chinesischen Wirtschaft überschlagen sich gerade die Ereignisse. Trotz aller Heimatverbundenheit begreift sich die Frau von heute inzwischen ebenso chinesisch wie international. Es könnte daher – durchaus früher als erwartet – dazu kommen, dass sich die modernen chinesischen Frauen als globale Trendsetterinnen entpuppen.

Traditionell trugen die Mädchen das Haar lang, meist hochgesteckt zu je einem Dutt rechts und links. In der Stirn trugen die Mädchen ein Pony. Oft wurde das hochgesteckte Haar mit Blumen geschmückt. In den 1930er-Jahren kam der Pagenkopf in Mode.

GÖTTINNEN & UNSTERBLICHE

女神仙

Um Weiblichkeit, wie sie in China gedacht wird, begreiflich zu machen, widmet sich dieses Kapitel den Göttinnen und Unsterblichen – der Schöpfungsgöttin Nüwa, der Königlichen Mutter des Westens Xiwangmu und der Mondgöttin Chang'e. Die Geschichte der Unsterblichen Dame Fan verweist auf eine im Daoismus tief verwurzelte Verehrung der Frau.

NÜWA
Schöpfergöttin

ls sich Himmel und Erde gerade geschieden hatten, formte aus gelber Erde die Göttin Nüwa den ersten Menschen. Die Arbeit war mühevoll, und so nahm sie bald ein Seil zu Hilfe, um noch mehr Menschen aus dem Lehm zu schöpfen. Es heißt, aus der gelben Erde seien die edlen Menschen geworden, die gemeinen hingegen entstammen dem Seil …

Typischerweise wird Nüwa als Erdgöttin mit Schlangenleib beschrieben. In frühen Abbildungen erscheint sie auch als Mondgöttin, eng umschlungen mit dem Himmelsgott Fuxi und seinem ebenfalls geschuppten Körper. In diesen Darstellungen der körperlichen Vereinigung von Mann und Frau drückt sich zugleich immer auch das ewige Zusammenwirken von Himmel und Erde aus, von Sonne und Mond, Eckigem und Rundem beim Entstehen und Vergehen der Zehntausend Dinge des Universums.

Himmel, Erde und Mensch sind eine Einheit, entstanden aus dem ursprünglichen Dao. Aus diesen dreien geht die ganze Welt hervor. Nur auf den ersten Blick scheint es, als komme der Himmel vor der Erde, die Sonne vor dem Mond, die Bewegung vor der Ruhe. Denn das Wunder der Geburt bedingt nicht nur den Menschen, sondern die ganze Welt von Anfang an. In dem im Westen so begeistert aufgenommenen *Daodejing* des Laozi heißt es: Das Dao *gebar* die Eins, die Eins *gebar* die Zwei, die Zwei *gebar* die Drei, die Drei *gebar* die Zehntausend Dinge. Immer wieder kehrt der Blick auf die Mutter aller Dinge, den Anfang, zurück.

Die Göttin Nüwa ist nicht nur die Urmutter aller Menschen, sie wird auch als heilige Ehestifterin verehrt, da sie Mann und Frau zusammenführte. Sie ist eine Schöpfungsgöttin, die den Menschen durch das Geschenk der Ehe selbst die Möglichkeit zur Schöpfung gab. Nüwa steht dabei als Vermittlerin von Göttern und Menschen an der Grenze zwischen den beiden Reichen. In manchen Erzählungen taucht sie daher auch zunächst als Sterbliche auf, deren Gedärme sich erst nach ihrem Tod in eine Göttin verwandelten. Nüwa ist schlechthin die Göttin der Wandlungen: An einem einzigen Tag nimmt sie siebzig Mal eine andere Form an.

Als zu Beginn der Menschheit – angeblich nach dem erzürnten Kopfstoß eines bösen Gottes – die Himmelssäule einstürzte und die neun Kontinente der Welt aufbrachen, sodass der Himmel nicht mehr die Welt bedecken und die Erde sie nicht mehr tragen konnte, wüteten fürchterliche Feuersbrünste, und gewaltige Fluten ergossen sich über das Land. Wilde Bestien verschlangen die Gutherzigen, und grausame Greife raubten die Schwachen und Jungen. Da schmolz Nüwa Gestein in fünferlei Farben, um damit den blauen Himmel zu flicken. Sie trennte die Beine einer Riesenschildkröte ab, um damit die vier Himmelspole aufzurichten. Sie tötete den Schwarzen Drachen, um das Land zu befrieden. So wurden der Himmel befestigt, die Erde gerettet und das Überleben der Menschheit gesichert.

Nüwa schuf also den Menschen – und rettete die Welt. Sie brachte den Menschen auch das *Sheng* (笙),

Traditionelle Darstellung der Schöpfergöttin Nüwa als Erdgöttin mit Schlangenleib, eng umschlungen mit dem Himmelsgott Fuxi. In diesen Darstellungen der körperlichen Vereinigung von Mann und Frau drückt sich das für die chinesische Tradition so typische Denken in Paaren aus: Yin und Yang – dunkel und hell sanft und hart – weiblich und männlich.

ein Blasinstrument mit Mundstück und traditionell 13, 17 oder 19 orgelpfeifenartig angeordneten Flöten. Nach einer alten Erklärung leitet sich das chinesische Zeichen für das Instrument aus dem darin enthaltenem »Gebären« (生) ab. Konkret soll der Name *Sheng* versinnbildlichen, wie Pflanzen die Erde durchbrechen und wachsen. Wenn die Schöpfungsgöttin Nüwa der Welt ausgerechnet ein Musikinstrument schenkt, das die Geburt der Dinge in sich als Motiv eingeschrieben hat, dann unterstreicht sie dadurch ein weiteres Mal ihre Bestimmung als weibliche Urgottheit.

In der chinesischen Geschichte gedachten die Menschen immer wieder der außergewöhnlichen Taten Nüwas. Selbst der wohl größte chinesische Roman *Der Traum der roten Kammer* (18. Jahrhundert) verbeugt sich vor ihr und hebt just mit einem Kapitel an, in dem die Göttin Nüwa ganze 36 501 Steine gießt, um damit den Himmel auszubessern. Am Ende bleibt allerdings ein Stein, der letzte, übrig und wird im Folgenden zum Träger der Geschichte. Ein früher Titel dieses Meisterwerks lautet daher auch *Die Aufzeichnungen vom Stein*.

Wie tief der Glaube an Nüwa noch heute in der chinesischen Welt verwurzelt ist, zeigen die zahlreichen Tempel, in denen man die Göttin verehrt. Das Grab der Nüwa befindet sich mitten im chinesischen Kernland, auf dem Berg Li in der Provinz Shaanxi, dort, wo auch der Ahnentempel der Nüwa mit einer über tausendjährigen Geschichte liegt. Alljährlich begeht man in dieser Gegend jeweils am 20. Tag des ersten Monats gemäß dem chinesischen Mondkalender zu Ehren Nüwas den »Feiertag des Flickens des Himmels und der Erde«. Dafür backt die jeweils älteste Dame eines Hauses dünne, runde Fladen. Einer davon wird mithilfe eines roten Seidenfadens auf das Hausdach geworfen, um an das Ausbessern des Himmels zu erinnern, ein anderer in den Brunnen im Hof versenkt, um das Stopfen der Erde anzudeuten. Die übrigen Fladen isst dann die Familie gemeinsam.

Verehrt wird Nüwa auch in anderen, weit ab gelegenen Regionen Chinas. So fand man im Jahre 1826 in Yilan an der Ostküste Taiwans eine Nüwa-Statue im Meer. Wie aus der Aufschrift hervorgeht, war sie auf wundersame Weise über die Meeresstraße nach Taiwan gelangt. Man beschloss, sie aufzustellen und ihr fortan Opfer darzubringen. Innerhalb weniger Jahre zeigte sich, dass sie die Bitten der Betenden erhörte; es wurde ein Tempel errichtet, zu dem noch heute die Menschen pilgern.

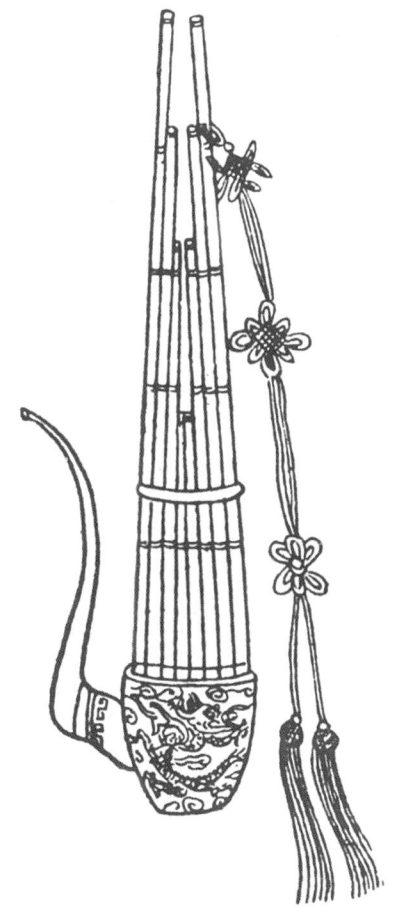

XIWANGMU
Königliche Mutter des Westens

Der Legende nach brachte der unsterbliche Stein auf dem Gipfel des Blumenfruchtbergs ein Ei aus Stein hervor, das sich, als der Wind auf das Ei blies, zu einem Steinaffen wandelte – zu dem unsterblichen König der Affen Sun Wukong.

inst gab es auf dem Gipfel des Blumenfruchtbergs einen unsterblichen Stein. Seit Anbeginn der Welt empfing er die Ursprünglichkeit des Himmels und die Schönheit der Erde, die Kraft der Sonne und die Pracht des Mondes. So kam es, dass dieser Stein, der so lange trefflicher sinnlicher Befruchtung ausgesetzt war, eines Tages ein kugelrundes Ei aus Stein hervorbrachte. Als der Wind auf dieses Ei blies, wandelte es sich zu einem Steinaffen, der alle fünf Sinne und vier Gliedmaßen besaß. Sogleich lernte dieser zu klettern und zu laufen und verneigte sich alsbald in alle vier Himmelsrichtungen. Als seine Augen sich bewegten, schossen zwei leuchtend goldene Strahlen in Richtung des Himmelspalasts auf, so dass sich der Höchste Heilige des Hohen Himmels, der Höchst Mitfühlende und Tugendhafte, der Große Himmlisch Erhabene Höchste Ahn des Dunklen Himmelsdoms, kurz, der Jadekaiser, und seine um ihn versammelten unsterblichen Minister erschraken. Sofort befahl er dem Tausendmeilen-Auge und dem Windflinken-Ohr, das Südliche Himmelstor zu öffnen und der Sache auf den Grund zu gehen. Sie kehrten nach einer Weile zurück und berichteten ihm von dem Steinaffen, dessen Lichtstrahl, nun da er aß und trank, langsam erstarb. In seiner mitfühlenden Güte befand der Jadekaiser, dass die Dinge unter ihnen alle durch Himmel und Erde hervorgebracht würden und dass an dem Affen daher nichts Besonderes sei.

In diesem Punkt aber irrte er. Denn aus diesem namenlosen Steinaffen wurde der unsterbliche König der Affen, Sun Wukong – »Affe, der die Leere gewahrt« –, dessen magische Kräfte so überwältigend waren, dass der Jadekaiser selbst ihn schließlich zu sich in den Himmel rief und ihm den klingenden – aber leeren – Posten »Großer Heiliger, der dem Himmel gleichkommt« geben musste, um das auf der Erde drohende Chaos abzuwenden. Doch es kam noch schlimmer. Selbst ohne Aufgabe hielt der in den Himmel beförderte Affe nun all die anderen Himmelsbeamten von ihrer Arbeit ab, und so wies man ihm die Aufsicht über den Pfirsichgarten zu. Dort wuchsen die Pfirsiche der Xiwangmu – »Königliche Mutter des Westens« – die nur alle dreitausend Jahre reifen. Wer von ihnen kostet, wird selbst unsterblich und begreift das Dao. Die noch älteren Bäume des Hains tragen nur alle sechstausend Jahre Früchte. Wer von ihnen kostet, kann fliegen und

Xiwangmu, die Königliche Mutter des Westens, umgeben von den Sieben Feen auf dem großen Pfirsichbankett am Jadeteich.

ewige Jugend genießen. Die ältesten Pfirsichbäume tragen sogar nur alle neuntausend Jahre Früchte. Wer von ihnen kostet, wird wie Himmel und Erde, wie Sonne und Mond unvergänglich werden.

Wenige Tage nachdem Sun Wukong seinen Dienst angetreten hatte, nahm das Unheil seinen Lauf: Die leuchtenden Früchte übten eine unwiderstehliche Anziehungskraft auf den Affen aus. Doch just als er sich an ihnen gütlich getan hatte und einen Verdauungsschlaf auf einem der Bäume hielt, kamen die Sieben Feen der Xiwangmu, um für das große Pfirsichbankett am Jadeteich die Früchte zu pflücken. Zu ihrem großen Entsetzen mussten die Rote Fee, die Blaue Fee, die Weiße, die Schwarze, die Purpurne, die Gelbe und die Grüne Fee feststellen, dass gerade an den ältesten Bäumen kaum mehr Früchte hingen. Die Sieben Feen stellten den von ihnen aufgeschreckten Affen zunächst zur Rede. Als dieser von Xiwangmus traditionellem Pfirsichbankett erfuhr, zu dem alle Würdenträger des Himmels – außer ihm – geladen waren, verhexte er die Feen, sodass sie sich nicht mehr bewegen konnten. Er selbst bestieg schleunigst seine Wolke und brach zum Jadeteich auf, um sich selbst ein Bild von dem Fest zu machen. In der Gestalt des Barfüßigen Unsterblichen traf er als Erster an der reich gedeckten Tafel ein. Die Gastgeberin war nicht zugegen, und so beschloss er kurzerhand, mit einem weiteren Zauber alle Bediensteten einschlafen zu lassen und sich in aller Ruhe dem Genuss der seltensten Delikatessen hinzugeben. Betrunken von den himmlischen Likören, wollte er sich gerade noch rechtzeitig in den eigenen Palast retten, bevor sein Frevel auffliegen würde, jedoch verflog sich der Affe in seinem Rausch und landete in den heiligen Hallen des Laozi. Prompt nutzte er die Gelegenheit, in dessen Abwesenheit die berühmten Pillen der Unsterblichkeit, von denen er schon immer hatte kosten wollen, gleich frittierten Bohnen restlos aufzufressen. Durch die geballte Kraft der magischen Medizin auf

Xiwangmu in einer Darstellung auf einer Stickerei aus der Ming-Dynastie.

einen Schlag nüchtern, erkannte Sun Wukong, dass er nun doch besser zurück auf die Erde in sein Affenreich fliehen sollte.

Es folgte eine wahrlich gigantische Schlacht der unsterblichen Götter und Dämonen, und erst durch die Hilfe des allmächtigen Buddha selbst konnte Sun Wukong, der gewitzte Affenkönig, schließlich überlistet und bestraft werden.

Doch das ist erst der Auftakt des Romans *Reise in den Westen*, welcher die fantastische Pilgerschaft eines buddhistischen Mönchs gen Westen schildert, der zur Buße buddhistische Schriften nach China bringen sollte und dem der Affenkönig später als Reisebegleiter zur Seite gestellt wird. Die Göttin Xiwangmu tritt in dieser literarischen Verarbeitung des Mythos aus dem 16. Jahrhundert zwar nur am Rande als die Geschädigte auf, dennoch wird sie dabei in ihrer angestammten Rolle als höchste daoistische Göttin, die nicht nur für alle Belange der Frauen zuständig ist, sondern auch über den Weg zur Unsterblichkeit wacht, korrekt geschildert.

Traditionell ist ihr Wohnsitz allerdings der Berg Kunlun, der als Himmelssäule im fernen Nordwesten Chinas irgendwo zwischen Himmel und Erde gedacht wurde. Dort befindet sich auch der legendäre Pfirsichgarten, dessen über Jahrtausende reifende Früchte mit der Unsterblichkeit locken, und der Jadeteich, an dem sich Götter und Genien niederlassen und zu dem auserwählte Menschen aufsteigen können. Xiwangmu wird mit dem Westen, dem Herbst, der Farbe Weiß, Metall, Unsterblichkeit, Tod und dem himmlischen Reich assoziiert. Sie wird als kosmische Kraft und Göttin zugleich verehrt. Auf ihrem weißen Tiger reitend – oder wie noch in frühen Schilderungen mit Tigerzähnen und Leopardenschwanz – ‚wacht sie über die neun Tore zum Himmlischen Reich. Sie nimmt die neuen Unsterblichen in die Himmelsregister auf. Als mächtige Göttin wurde sie von Weisen besucht und erwies auch selbst immer wieder berühmten Kaisern die Ehre ihres Besuchs. Xiwangmu übermittelt darüber hinaus heilige taoistische Schriften, welche den Menschen den Zugang zur Unsterblichkeit eröffnen können, und nimmt sie ihnen auch wieder, falls sie sich ihrer unwürdig erweisen. Xiwangmu wird als wunderschöne, aber reife Frau angebetet. Es wäre ein großer Fehler, die Herrin über ewiges Leben – und Verderben zugleich – als liebreizendes Mädchen zu verniedlichen. Mit Unsterblichkeit spielt man nicht. Das gilt für Affen, Männer und Frauen.

CHANG'E
Göttin des Mondes

Nun, da der Schatten der sich verzehrenden Kerze
    schon tief in den blütenweißen Wandschirm fällt
Und im langen Strom der Milchstraße
    allmählich die Morgensterne versinken,
Bereust du es wohl, Chang'e,
    das magische Kraut gestohlen zu haben,
Nur um über blauen Ozeanen und schwarzen Himmeln
    Nacht für Nacht Einsamkeit zu kosten!

enn sich die alten Dichter in ihren Werken als Frauen geben, so sollte das nicht weiter verwundern, denn in der Vorstellung standen sämtliche Minister zu ihrem Herrscher wie Frauen zu ihrem Mann. Wenn Li Shangyin (9. Jahrhundert) in seinem Gedicht von Chang'e, die, für immer von ihrem Mann getrennt, auf dem Mond ihr Dasein fristen muss, vor allem die Reue hervorhebt, so wird er vermutlich ganz persönliche Gründe gehabt haben, den Adressaten seines Gedichts just dieses Gefühl zu übermitteln. Sei es, dass er durch seine ergreifende Schilderung der nächtlichen Vereinsamung mitteilte, jemandem trotz eines Vergehens eine zweite Chance geben zu wollen; sei es, dass er, ganz im Gegenteil, einem Dieb ewige Reue prophezeite. Wie auch immer Li Shangyins Worte in diesem Fall zu deuten sind, es wird offenbar, dass die mythische Figur Chang'e für immer leiden würde.

Wie zumeist, liegt der Ursprung des Mythos im Dunkeln. Zunächst taucht Chang'e als eine Frau auf, die mithilfe der Droge der Unsterblichkeit zum Mond entschwebt. Heute kennen wir viele ausführliche Varianten ihrer Geschichte, die mehr oder weniger folgenden Kern haben: Chang'e war die Frau von Houyi, einem legendären Bogenschützen. Als eines Tages die Erde zu versengen drohte, weil zehn Sonnen am Himmel standen, griff er zu seinem Bogen und schoss neun Sonnen von Himmel. Manche sagen, die Sonnen waren die Kinder des Himmelskaisers, was zur Verbannung des göttlichen Ehepaars in die Welt des Menschen führte. In jedem Fall erhielt in der Folge Houyi von Xiwangmu – der »Königlichen Mutter des Westens« – (siehe S. 23) das Kraut der Unsterblichkeit. Die Frage, warum schließlich Chang'e ganz alleine und nicht Houyi diese Medizin einnahm, wurde in vergangenen Zeiten verschieden beantwortet.

Chang'e, die Göttin des Mondes, auf einer Zeichnung von Rong Zuchun.

Wurde sie schlichtweg während seiner Abwesenheit ein Opfer ihrer Neugier? Hatte er etwa eine Affäre und sie keine Geduld mehr? Oder wollte er sie nicht alleine auf der Erde zurücklassen, und ein fremder Eindringling zwang sie in seiner Abwesenheit zur Einnahme? War gar alles nur ein Unfall und von keinem der beiden so geplant? – Die alten Schriften zögern keinen Augenblick in ihrem Urteil: Chang'e *stahl* das magische Kraut und flog zum Mond. Für alle Ewigkeit haust sie dafür alleine im Mondpalast und hat den Jadehasen, eines ihrer häufigen Attribute, und später auch den Holzfäller Wu Kuang, der ebenfalls für immer dorthin verbannt wurde, zum Nachbarn. Wu Kuang verlor bei seinem Streben nach Unsterblichkeit jegliches Maß und wurde als Strafe dazu verurteilt, einen 5000 Fuß hohen Osmanthus-Baum auf dem Mond zu fällen, der jedoch, kaum hatte er ihn einmal zur Hälfte gefällt, stets wieder zusammenwuchs.

Moderne Deutungen hingegen sehen in Chang'es Tat die Befreiung der Frau aus der Vorherrschaft des Mannes. Ihr Abheben zum Mond wird zum archetypischen Aufbruch in die Unabhängigkeit. Der Flug der Chang'e setzt zugleich auch die weibliche Lust frei. Dass ihre spektakuläre Lossagung von den traditionellen Wertvorstellungen nicht so einfach zu einem neuen, erfüllten Leben führen durfte, überrascht nicht. Obwohl Chang'e keineswegs die einzige Frau der chinesischen Geschichte ist, die sich von ihrem Mann trennte, gestehen nur die wenigsten Erzählungen diesen Persönlichkeiten einen glücklichen Neuanfang oder wenigstens ein gutes Ende zu. Nach manchen Aufzeichnungen soll sich Chang'e, einmal auf dem Mond angelangt, zur mächtigen Mondkröte verwandelt haben. Anderen Stimmen zufolge ist sie schließlich zur Mondessenz selbst geworden.

Das auch heute noch gefeierte Mittherbstfest ist einer der wichtigen Feiertage Chinas. Es wird stets in der Vollmondnacht des 15. Tags des 8. Monats nach dem Mondkalender abgehalten und führt traditionell auf die an diesem Tag der unsterblichen Chang'e dargebrachten Opfer zurück. Die Menschen bitten Chang'e um Schutz und Glück für die ganze Familie, die sich in dieser Nacht zu einem großen Familienessen unter dem Vollmond vereint und sich die köstlichen Mondkuchen teilt.

Die erste Raumsonde des Mondprogramms der Volksrepublik China wurde nicht zufällig nach und zu Ehren der Göttin »Chang'e Nr. 1« benannt. Nach knapp eineinhalb Jahren Flugzeit ist sie am 1. März 2009 planmäßig auf dem Mond eingeschlagen. Es sollen ihr noch weitere »Schwestern« folgen, um den Mond zu erkunden. Der Mond wurde auch in China schon sehr lange verehrt. Als Göttin des Höchsten Yin wird »er« konsequenterweise in Gestalt einer Frau dargestellt. Wenn man heutzutage ganz gezielt eine Frau zu einer Frau in den Himmel schickt, stellt sich fast die Frage, ob Fliegen nicht schon immer eher Frauensache gewesen ist …

DIE DAME FAN
Frau des Unsterblichen Liu Gang

Zur Zeit der Tang-Dynastie gab es während der Ära Zhenyuan (785–805) in der Stadt Xiangtan eine alte Frau. Sie nannte niemals ihren Namen, und so sagte man einfach »die Alte vom Xiang-Fluss«. Sie war berühmt für ihre mit zinnoberroter Tusche beschriebenen Amulette, welche die Leute in der Nachbarschaft zu heilen vermochten oder vor bösen Geistern und Krankheiten beschützten. Aus Dankbarkeit errichteten die Menschen eigens für sie ein prachtvolles Anwesen. Doch lehnte sie dankend ab und bat darum, in einer einfachen Holzhütte hausen zu dürfen.

Die tiefschwarzen Haare der Alten vom Xiang-Fluss waren geschmeidig wie Wolken, ihre glänzende Haut weiß wie Schnee. Beim Gehen stützte sie sich auf einen Stab und schlurfte mit ihren Schuhen, doch konnte sie an einem einzigen Tag mehrere Hundert Meilen zurücklegen. Einst traf sie ein junges Mädchen beim Blumenpflücken. Das junge Mädchen war vom Anblick der Alten so gebannt, dass es seinen Korb ablegte und darum bat, ihre Schülerin werden zu dürfen. Die Alte nahm es bei sich auf. Als jedoch die Eltern des Mädchens davon erfuhren, prügelten sie das Mädchen mit Stöcken wieder nach Hause und verboten ihm jeglichen Verkehr mit der alten Frau. Erst als das Mädchen sich in seiner Kammer erhängen wollte, konnten Freude und Bekannte die Eltern umstimmen. Schließlich ließen sie ihre Tochter ziehen.

Als Schülerin durfte das Mädchen nun jeden Tag den Boden fegen, Wasser holen, Räucherwerk abbrennen und heilige Texte rezitieren. Nach gut einem Monat teilte die Alte ihren Nachbarn mit, sie würde nun für eine Weile zu dem heiligen Berg Luofu im Süden des Reichs gehen. Auf die Frage, ob das junge Mädchen sie auch begleiten würde, antwortete sie kurz: »Sie ist bereits vorausgegangen.« Vor ihrer Abreise warnte sie die Nachbarn ausdrücklich davor, während ihrer Abwesenheit das Tor zu ihrer Hütte zu öffnen. Niemand wagte es, gegen das Verbot zu verstoßen. Wer dennoch einen verstohlenen Blick durch den Zaun in den Innenhof riskierte, sah nur, dass das Unkraut im Garten immer wilder wucherte.

Als die Alte am Tag ihrer Rückkehr die Türen zu ihrer Hütte zum ersten Mal nach drei Jahren wieder öffnete, sah man das junge Mädchen wie immer im Innern sitzen. Allein sein Strohschuh, der von einem in der Zwischenzeit emporgeschossenen Bambussprössling an die Decke genagelt worden war, verriet, dass es sich wohl all die Zeit nicht bewegt hatte. Da berührte die Alte es mit ihrem Stab und sprach: »Wach auf, ich bin zurückgekehrt!« Das Mädchen blinzelte, so als ob es gerade aus einem Traum erwacht sei, und sprang auf, um seine Meisterin zu begrüßen. Da brach plötzlich sein linker Fuß ab und fiel zu Boden. Die Alte befahl dem entsetzen Mädchen, sich nicht zu rühren, und fügte das Bein mit etwas Wasser wieder zusammen.

Die neugierigen Nachbarn, die alle Zeugen dieser Heilung wurden, erschraken zutiefst. Wie ein Lauffeuer verbreitete sich die Nachricht von der außergewöhnlichen Rückkehr der Alten, und schon am nächsten Tag kamen Hunderte Menschen, um sie als Göttin zu verehren. Die Alte ließ sich davon nicht beeindrucken,

Die Dame Fan bändigt einen Tiger und führt ihn an einem Seidenfaden als Leine mit sich nach Hause, wo sie ihn schließlich am Fuß ihres Bettes festbindet. Wandgemälde eines Tempels.

jedoch missfiel ihr, dass immer mehr kamen, um sie mit eigenen Augen zu sehen. Sie verkündete ihren Nachbarn, dass sie nun zum Dongting-See eilen müsse, um über hundert Menschenleben zu retten. Zhang Gong, ein abenteuerlustiger Sohn aus einer reichen Familie, bot sich an, ihr das gewünschte Boot bauen zu lassen, und begleitete sie als ihr Kapitän. Bevor sie den See erreichen konnten, ließ ein fürchterlicher Sturm dort bereits eine große Fähre kentern. Knapp hundert Menschen strandeten – seltsamerweise unversehrt – auf der Junshan-Insel inmitten des Sees. In der hereinbrechenden Nacht standen auffällig viele Sterne über der Insel. Plötzlich erschien ein weißer Alligator am Strand. Die hungrigen Passagiere erschlugen ihn und teilten sich sein Fleisch. Als sie am nächsten Morgen erwachten, war die ganze Insel von einer meterhohen, schneeweißen Mauer umgeben. Keiner konnte erklären, woher sie plötzlich gekommen war, doch bemerkten sie schon bald, dass sich diese unerklimmbare Mauer immer enger um sie schloss. Schon war ihre gesamte Habe, die sie vor den Fluten hatten retten können, zermalmt. Immer dichter drängten sich angstvoll die Familien zusammen, begannen lautstark um Hilfe zu rufen. Doch niemand hörte sie. Auch die Menschen am Ufer hatten inzwischen diese Mauer aus der Ferne entdeckt, ohne dafür eine Erklärung zu finden.

Nun aber legte das Boot der Alten am Ufer an. Kaum war sie auf die Insel gesprungen, führte sie rasch eine geheime Schrittfolge aus, spuckte und ließ ihr Schwert in Richtung Mauer fliegen. Da erbebte die weiße Mauer, und mit einem gewaltigen Gebrüll stürzte sie in sich zusammen. Da sahen alle, dass sie eigentlich ein Riesenalligator war, der sich nun zuckend hin und her wand und schließlich am Strand starb. Das Schwert steckte tief in seinem Kopf.

Während sich die Gestrandeten noch über ihre Rettung freuten, befahl die Alte Zhang Gong, wieder Kurs auf Xiangtan zu nehmen. Im Moment, als dieser noch zögerte, kam ein Daoist vorbei, der sich offenbar sehr darüber freute, ihr zu begegnen, und sie mit den Worten begrüßte: »Tante Fan, wann seid ihr denn hierhergekommen?« Als Zhang Hong erstaunt nachfragte, woher der Fremde ihren Namen kannte, gab der Daoist ebenso verblüfft an, dass sie doch die Dame Fan, die Frau des Unsterblichen Liu Gang sei. Zhang Gong brachte die Alte wieder nach Xiangtan zurück, wo sie zusammen mit dem jungen Mädchen alsbald für immer diese Welt verließ.

Liu Gang war einst im 3. Jahrhundert als Kreisverwalter von Shangyu tätig. Er verstand sich auf diverse daoistische Künste. So konnte er beispielsweise Geister und Dämonen herbeirufen und beherrschte die Kunst der Illusion und Verwandlung. Er übte stets im Stillen, sodass kein Mensch etwas davon wusste. Dem Volk ging es unter seiner Regierung gut. Niemals gab es in seinem Kreis Notstände – weder Hochwasser noch Dürren wurden vom Himmel gesandt, und selbst die gefürchteten Seuchen und Plagen blieben aus.

Es waren friedliche Jahre, und in seinen Mußestunden saß Liu Gang mit seiner Frau zusammen und übte sich im Dao. Einmal erschuf Liu Gang ein großes Feuer, welches unglücklicherweise das Dreschhaus im Osten ihres Anwesens erfasste. Seine Frau erwirkte sofort einen Gegenzauber, und das Feuer erlosch wieder. Da fiel Liu Gangs Blick auf die Pfirsichbäume in ihrem Hof. Jeder verzauberte einen von ihnen und ließ sie gegeneinander kämpfen. Es dauerte allerdings nicht lange, da ging es dem Baum ihres Mannes gar nicht gut. Mehrmals musste er sich außerhalb des Gartenzauns flüchten. Liu Gang spuckte daraufhin in einen Wasserbottich, in dem auf der Stelle ein Karpfen schwamm. Als seine Frau auch hineinspuckte, erschien prompt ein Fischotter, der den Fisch auffraß.

Ein anderes Mal war Liu Gang mit seiner Frau in den Bergen unterwegs, als ein Tiger ihnen den Weg ver-

Als es Zeit war, als Unsterbliche in den Himmel aufzusteigen, entschwebte die Dame Fan von der ebenen Erde, auf der sie saß, leicht wie eine Wolke allmählich gen Himmel und folgte ihrem Mann Lui Gang nach. An diesem Ort befand sich eine daoistische Klause, deren Überreste in den Siming Bergen in der Provinz Zhejiang bis heute an die herausragende Unsterbliche erinnern.

sperrte. Liu Gang sprach eine Beschwörung aus, sodass der Tiger sich niederwarf. Als sie weitergehen wollten, setzte der Tiger dennoch zum Sprung an. Da stellte sich die Dame Fan schützend vor ihren Mann. Der angreifende Tiger richtete seinen Blick sofort wieder auf den Boden und rührte sich fortan nicht mehr. Mit einem Seidenfaden als Leine führte sie den Tiger schließlich mit sich nach Hause. Am Fuß ihres Bettes band sie die gebändigte Großkatze fest.

Wenn Liu Gang und seine Frau, die Dame Fan, ihre Kräfte maßen, hatte er jedes Mal das Nachsehen. Selbst als es Zeit war, als Unsterbliche in den Himmel aufzusteigen, musste Liu Gang zunächst erst einige Meter hoch auf einen alten Baum klettern, bevor er sich mühsam in die Lüfte erheben konnte! Die Dame Fan hingegen saß gelassen auf der ebenen Erde und entschwebte leicht wie eine Wolke ganz allmählich gen Himmel.

Im Allgemeinen kennt man von weiblichen Unsterblichen nur Teile ihres Namens, für die Dame Fan sind gleich zwei Vornamen überliefert: Als Fan Hezhong ist sie als 31. daoistische Meisterin bekannt. Gemäß einer alten Überlieferung war sie die erste weibliche Meisterschülerin des Dao und hatte, ganz im Einklang mit der gerade erzählten Anekdote, ihren eigenen Mann Liu Gang zum Schüler. Nachdem die 32. Meisterin, Li Yuanyi, keine eigenen Schüler hatte, denen sie ihr Vermächtnis anvertrauen konnte, wurde schließlich Liu Gang zum 33. Meister des Dao. Die Dame Fan ist aber auch als Fan Yunqiao – die in die Wolken aufsteigt – bekannt. Dabei dürfte es sich allerdings um einen Rufnamen handeln, der ihr später verliehen wurde und ihrem Aufstieg zu den Unsterblichen bereits Rechnung trägt.

An dem Ort, wo das Ehepaar einst gemeinsam in den Himmel aufstieg, befand sich eine daoistische Klause, zu der es noch über Jahrhunderte Daoisten zog. Später ließ sogar ein Kaiser diesen kleinen Tempel aus den steilen Höhen an den Fuß eines Wasserfalls verlegen. Bis heute erinnern noch Spuren dieser alten Tempelanlage in den Siming-Bergen in der Provinz Zhejiang an die herausragende Unsterbliche und ihren bemühten Schüler – ihren Mann.

皇后 KAISERINNEN

Die in diesem Kapitel nachgezeichneten Lebenswege von Lü Zhi, Wu Zetian, der einzigen offiziellen Kaiserin Chinas, und Kaiserinwitwe Cixi bieten einen Einblick in den Alltag des höfischen Lebens. Während der Kaiser das Reich regierte, herrschte die Kaiserin im Innern des Palasts. Nur wenn das Äußere und das Innere harmonierten, stellte sich Frieden ein.

LÜ ZHI
Kaiserin der Han-Dynastie, 241–180 v. Chr.

elche Bedeutung hatte es für Lü Zhi, dass ihr Mann Liu Bang – zumindest den Legenden des Volkes nach – der Sohn des Roten Himmelskaisers war, der den Weißen Himmelskaiser in Gestalt einer Schlange erschlagen sollte, um damit den Sieg der Han vorwegzunehmen? Waren all die klingenden Prophezeiungen es wert, für ihn ins Gefängnis zu gehen? Konnte sie Trost darin finden, dass stets Glück verheißende Wolkenformationen über ihm erschienen und ihr den Weg wiesen, während sie ihm auf seiner Flucht heimlich Vorräte in die Einöde zwischen Klippen und Sümpfen brachte? Half ihr der Gedanke, dass man ihr und ihrem Sohn ebenfalls eine glänzende Zukunft vorausgesagt hatte, darüber hinweg, dass ihr Mann einst selbst die eigenen Kinder von seinem Streitwagen gestoßen hatte, um sein Leben zu retten?

Liu Bang liebte in jungen Jahren eigentlich nur das Vergnügen, schwang große Reden und leistete nichts. Anstatt seiner Familie eine Stütze zu sein, machte er sich einen Namen als arroganter Kerl, der keine Gelegenheit ausließ, seine Beamtenkollegen zu beleidigen. Regelmäßig ließ er seine Zeche bei Mutter Wang und der Alten Wu anschreiben. Wenn er betrunken war und einschlief, sahen die beiden einen Drachen über ihm schweben und wunderten sich. Wo immer sich Liu Bang zum Trinken einfand, stieg der Weinverkauf schon bald um ein Vielfaches, sodass die Wirte am Ende des Jahres gerne seine Schuldtäfelchen einfach zerbrachen.

Auch Lü Zhis Vater hatte, als er zum ersten Mal das Gesicht Liu Bangs erblickte, ihm eine große Karriere vorausgesagt und ihm ohne zu zögern seine Tochter versprochen. Während ihre Mutter sich dafür aussprach, Lü Zhi mit einem noblen Präfekten zu vermählen, einem guten Freund der Familie, der bereits um die Hand ihrer Tochter angehalten hatte, stand der Entschluss ihres Vaters fest. Seine Tochter sollte den Mann heiraten, der die Frechheit besessen hatte, sich anlässlich eines offiziellen Empfangs – ohne eine Münze in der Tasche, allein mit der klingenden Ankündigung eines Gastgeschenks von 10 000 Münzen – auf den Ehrenplatz zu setzen. So wurde Lü Zhi, die spätere Kaiserin Lü, die Frau von Liu Bang, dem ersten Kaiser der Han-Dynastie. Sie gebar ihm als seine Hauptfrau einen Sohn, den späteren Kaiser Hui, und eine Tochter, die spätere Prinzessin Yüan von Lu. Doch der Aufstieg ihres Mannes zum Kaiser war ein langer und mühsamer Weg, der noch viele Entbehrungen und Enttäuschungen für sie bereithielt.

Ihr Mann verfiel noch als König der Han dem Bann einer seiner jungen Konkubinen. Diese Kaiserliche Schönheit Qi, eine begnadete Sängerin und Tänzerin, gebar ihm bald darauf sogar einen Sohn, Liu Ruyi. Zu allem Überfluss entdeckte sich der Vater voller Stolz – ganz im Gegensatz zu dem verweichlichten Sohn, den er mit seiner Frau Lü Zhi hatte – von Anfang an in diesem Knaben wieder. Für Lü Zhi war dies eine bedrohliche Entwicklung, denn auch eine Hauptfrau konnte jederzeit zugunsten einer jüngeren Nebenbuhlerin degradiert werden.

Lü Zhi war eine große Kaiserin, galt aber auch als machthungrig und intrigant. Nach dem Tod ihres Mannes Liu Bang (unten), dem nachgesagt wurde, dass im Schlaf zwei Drachen über ihm erschienen, die über ihm schwebten, blieb sie noch 15 Jahre lang an der Macht, länger als der erste Kaiser der Han, und erfüllte ihre vorausgesagte Bestimmung als herausragende Herrscherin. Nach ihr gab es nur noch eine Frau, Wu Zetian, die von den offiziellen Geschichtsschreibern in die Reihen der Kaiser aufgenommen wurde.

Während Liu Bang immer wieder in die Provinz ausrücken musste, um die junge Dynastie zu befrieden, ließ er Lü Zhi allein in der Hauptstadt zurück, damit sie den Hof überwache. So entfremdeten sich Kaiser und Kaiserin. Es verwundert daher nicht, dass die Konkubine Qi, die den Kaiser hingegen oft begleiten durfte, den Herrscher mit vielen heißen Tränen und herzzerreißenden Klagen schließlich dazu brachte, ihren gemeinsamen Sohn als neuen Kronprinzen ausrufen zu wollen. Ein Plan, der jedoch aufgrund des heftigen Widerstands der eigenen Minister im Verbund mit der Kaiserin immer wieder verschoben wurde. Ein letzter Versuch, Liu Ruyi als Thronerben durchzusetzen, scheiterte endgültig durch einen spektakulären Coup der Kaiserin: Sie ließ zu einem großen Bankett vor den Augen des ganzen Hofstaats die »Vier Weißbärtigen« vom Berg Shang, allseits bekannte heilige Einsiedler, im Gefolge des Kronprinzen aufmarschieren. Gemäß der Überlieferung konnte nämlich nur ein vom Himmel bestimmter Herrscher die weisen Einsiedler wieder an den Hof zurückrufen. An der Autorität dieser vier Berühmtheiten versiegten alle Tränen der Kaiserlichen Schönheit Qi nutzlos, und der Kampf um die Thronfolge war für alle Zeiten entschieden.

Die erfolgreiche Planung und Umsetzung einer solchen List offenbarten den entschlossenen Charakter und das politische Geschick seiner ersten Frau. Ihr verdankte der Kaiser letztlich auch die erfolgreiche Ausschaltung übermächtiger Minister. So war Lü Zhi an seiner Seite maßgeblich an der Stabilisierung des Han-Reichs beteiligt. Ihr stetig wachsender Einfluss wurde am Ende seines Lebens allerdings selbst Liu Bang unheimlich.

Als Liu Bang im Jahre 195 v. Chr. starb, begann die Zeit der Herrschaft der Kaiserin Lü, die, ohne ihre Hallen zu verlassen, während der kurzen Regentschaften dreier unbedeutender Kindkaiser als Kaiserinwitwe das Reich regierte.

Liu Bang, der Kaiser der Han, und seine Frau Lü Zhi.

Nach dem Tod ihres Mannes machte sich Lü Zhi sofort daran, den Thronanspruch ihres Sohnes, des neuen Kaisers, zu festigen, um somit auch ihre eigene Macht zu sichern. Zunächst galt es, die alten Nebenbuhlerinnen im Harem ihres Mannes aus dem Weg zu räumen. Sie ließ in der Regel Milde walten und schickte die Konkubinen lediglich zu ihren Kindern auf ihre Lehen zurück. Allein bei ihrer Erzfeindin, der Kaiserlichen Schönheit Qi, ließ sie ein Exempel statuieren, indem sie deren Haare abschneiden und sie unter Hausarrest stellen ließ. Das nächste Ziel Lü Zhis war die Beseitigung von Qis Sohn, Liu Ruyi. Unerbittlich verfolgte sie den Plan, das fünfzehnjährige Kind ermorden zu lassen. Weder die weise Voraussicht ihres Mannes, der seinen Sohn noch zu Lebzeiten aus Sorge vor der Rache seiner Frau weitab von der Hauptstadt zum König eines Lehenstaates gemacht hatte, noch die diplomatischen Versuche der dortigen Beamten konnten verhindern, dass Liu Ruyi auf mehrfaches Geheiß der Kaiserin hin schließlich in die Hauptstadt zurückgebracht wurde. Das grausame Ende dieser Reise war absehbar. Zur Überraschung aller wurde Liu Ruyi jedoch vom eigenen Halbbruder und Kaiser, Liu Ying, noch vor den Toren der Stadt abgefangen und unter seinen persönlichen Schutz gestellt. Tag und Nacht durfte er nicht mehr von seiner Seite weichen, sodass sich Lü Zhi keine Gelegenheit zu einem Anschlag bot. Eines Morgens jedoch, als der Kaiser zur Jagd gehen wollte, ließ er seinen jüngeren Bruder schlafen und ritt alleine aus. Diese spontane Entscheidung stellte sich bald als tragischer Fehler heraus. Als der Kaiser in den Palast zurückkehrte, war die Leiche seines Halbbruders bereits erkaltet. Die Kaiserin hatte den zurückgelassenen Jungen gezwungen, tödlichen Schlangenadlerwein zu trinken.

Damit endete Lü Zhis Rachefeldzug jedoch nicht. Der Mutter Liu Ruyis, ihrer einstigen Konkurrentin, ließ sie Hände und Füße abhacken, Augen und Ohren

Lü Zhi lässt Han Xin hinrichten.

ausreißen und schließlich eine Droge trinken, die sie für immer stumm machte. Derart verstümmelt, wurde sie zu den Schweinen geworfen. In der Absicht, ihren Sohn in aller Härte für das Überleben am Hof zu erziehen, rief sie ihn herbei, um ihm die sogenannte »Menschliche Sau« vor Augen zu führen. Der Kaiser fragte verwirrt, wer denn diese grausam Misshandelte sei. Als er ihren Namen erfuhr, weinte er so heftig, dass er über ein Jahr nicht mehr das Bett verlassen konnte. Er schickte jemanden zu seiner Mutter mit den Worten: »Dies ist nicht eines Menschen Tat! Als Euer Sohn werde ich niemals das Reich regieren können.« Der junge Kaiser Hui kehrte der Politik für immer den Rücken und betäubte sich bis an sein Lebensende mit den ausschweifenden Vergnügungen innerhalb der Kaisergemächer.

Lü Zhi hatte möglicherweise in bester Absicht für den Schutz ihrer eigenen Familie eine Grenze überschritten. Sie blieb dennoch insgesamt fünfzehn Jahre lang an der Macht, länger als der erste Kaiser der Han, und erfüllte ihre vorausgesagte Bestimmung als herausragende Herrscherin. Nach ihr gab es nur noch eine Frau, die von den offiziellen Geschichtsschreibern in die Reihen der Kaiser aufgenommen wurde – obwohl Lü Zhi selbst nicht nach dem Kaiserthron gegriffen hatte. Das strenge Urteil der Geschichte wäre vielleicht milder ausgefallen, hätte sie nicht gegen Ende ihrer Herrschaft massiv versucht, alle wichtigen Posten mit ihren eigenen Verwandten aus dem Lü-Clan zu besetzen. Vom Himmel erwählt, wurde sie auch vom Himmel zurückgerufen. Sie starb angeblich an den Folgen eines Bisses, der ihr von einem blauen Hund beigefügt wurde. Kaum hatte er ihren Unterarm verletzt, verschwand er im Nichts.

輔國公女鄉君冬朝冠圖

WU ZETIAN
Kaiserin der Zhou-Dynastie, 624–705

s gab in der chinesischen Geschichte immer wieder Situationen, in welchen starke Kaiserinnen die Macht am Hofe ergriffen – sei es, dass ihr kaiserlicher Gemahl zu schwach für die Regierungsgeschäfte wurde, sei es, dass sie als Kaiserinwitwe die Leitung des Staates für die ihnen anvertrauten infantilen Thronerben übernahmen. In den über zweitausend Jahren gab es jedoch nur eine eigenständige Kaiserin: Wu Zetian. Diese einzigartige Frau stand nicht nur erfolgreich an der Spitze des Reiches, sondern wagte es auch, ihre eigene Dynastie auszurufen. Kein Wunder, dass die Meinungen späterer Gelehrter über sie auseinandergingen. Zwischen vernichtendem Tadel und unverhohlener Bewunderung sind alle Positionen belegt.

Viele schrieben Wu Zetian eine niederträchtige Grausamkeit zu, welche man im Falle eines männlichen Thronaspiranten eher als weitsichtige Entschlossenheit gedeutet hätte. Die von ihr gegründete Zhou-Dynastie (690–705) ging daher häufig als Schreckensherrschaft in die Annalen ein. Ihre Kritiker führen an, dass Wu Zetian den Tod unzähliger Menschen zu verantworten hätte. Allein unter ihren eigenen Verwandten seien vier ältere Brüder, eine ältere Schwester, ein Sohn und eine Tochter, unzählige Enkelkinder sowie deren angeheiratete Verwandtschaft ihrem Machthunger zum Opfer gefallen – ganz zu schweigen von den Todesfällen, welche das restliche Kaiserhaus zu verzeichnen hatte. Gerne verweist man auf die gerade zu Beginn ihrer Herrschaft gefürchtete Heerschar von grausamen Beamten und ihrer berüchtigten Foltermethoden, die zusammen mit einer von ihr geförderten Denunziation den Staat in Schrecken erstarren ließen. Man übergeht dabei jedoch, dass Wu Zetians Herrschaft auch für eine wirtschaftliche und kulturelle Blüte steht. Ihre umsichtige Grenzpolitik brachte selbst den ständig bedrohten Randregionen des Reiches eine Zeit der Stabilität, während sie im Landesinnern behutsam die Wirtschaft förderte. Mit ihrer zum Teil persönlichen Überwachung des Prüfungssystems, das nun vor allem die Leistung der Beamtenkandidaten und nicht länger ihre Herkunft bewerten sollte, löste sie im Volk einen Aufschwung der allgemeinen Bildung aus, von dem noch spätere Zeiten profitieren sollten. Dieser Schritt bedeutete indes eine klare Absage an die alten, mächtigen Familien, die teilweise schon seit Jahrhunderten die Macht am Hofe unter sich aufteilten. Daher dürften manche der Schauergeschichten allein dem Groll des Establishments entsprungen sein, das ihr nicht verzeihen konnte, ihrem durch keine Leistung begründeten Einfluss Grenzen gesetzt zu haben.

Denn eines gilt es, zu bedenken: Kaiser wurde in China niemand nur durch einen Zufall des Himmels. Um dieses Mandat wurde seit jeher mit allen Mitteln erbittert gekämpft. Wu Zetian nahm die Herausforderung ihrer Gegner am Hof an und erwies sich dabei als äußerst kluge und fähige Kaiserin.

Auf ihrem Weg an die Spitze des Reiches wurde Wu Zetian nichts geschenkt, aber sie widerstand kraft ihres starken Willens den Widrigkeiten im Kampf um die Macht. Dies deutete sich schon zu Beginn ihrer Laufbahn am Kaiserhof an.

In über 200 Jahren gab es nur eine eigenständige Kaiserin: Wu Zetian. Diese einzigartige Frau stand nicht nur erfolgreich an der Spitze des Reiches, sondern wagte es auch, ihre eigene Dynastie auszurufen. Nach ihrem Tod verlieh man ihr den kanonischen Titel »Die den Himmel zum Maßstab nehmende« (Zetian) großgöttliche Kaiserin, unter dem sie noch heute bekannt ist.

Mit vierzehn Jahren wurde sie aufgrund ihrer Schönheit dem Kaiser Taizong präsentiert und in seine Frauengemächer aufgenommen. Sie stammte aus der angesehenen Familie des Wu Shihuo, der sich bereits seit dem Beginn der Tang-Dynastie hohe Verdienste erworben hatte. Während das junge Mädchen beim Abschied von zu Hause bitterlich geweint haben soll, sah seine Mutter sogleich die große Chance, die sich durch die Nähe zum Himmelssohn für ihre ganze Familie ergab, und wies es streng zurecht: »Woher weißt du, dass es kein Glück ist, vom Kaiser empfangen zu werden? Worüber solltest du traurig sein?«

Als sie dem Kaiser schließlich vorgeführt wurde, bedachte er sie sogleich mit einem neuen Rufnamen: Wu Mei (die Gefällige). Ihr ursprünglicher Vorname ist nicht überliefert. Trotz dieses verheißungsvollen Anfangs gelang es der so Gepriesenen allerdings nicht, die Gunst des Kaisers zu erlangen. Nach dem frühen Ableben seiner verehrten ersten Gemahlin hatte Taizong für lange Zeit zu keiner Frau mehr rechtes Vertrauen gefasst, bis er die sehr gebildete Xu Hui schätzen lernte, die fast gleichzeitig mit Wu Zetian an den Hof gekommen war. Sie erinnerte ihn an seine erste Frau. Es schien, als wäre Wu Zetian nun für alle Zeiten als unbedeutende Nebenfrau des fünften Ranges in den inneren Gemächern des Kaiserpalasts gefangen. Wu Zetian war so nah am Kaiser – und doch zugleich unendlich weit von ihm entfernt. Vor ihren Augen lagen nimmer enden wollende Tage in der eisigen Einsamkeit der Frauengemächer. Waren ihre einstigen Tränen also doch zu Recht vergossen?

Als Taizong schließlich im Jahre 649 verstarb, wurde sie mit all seinen Konkubinen in den Nonnenstand versetzt. Sie musste sich den Kopf kahl scheren lassen, Nonnenkleider tragen und in ein buddhistisches Kloster umziehen. Was das für die Frauen bedeutete, kann man am besten an der Reaktion der vom Kaiser zuletzt so geschätzten Xu Hui ablesen. Angesichts der kalten Klostermauern zog sie es vor, ihre Medizin nicht mehr zu nehmen und alsbald zu sterben. Der überlieferte Wunsch, ihrem Kaiser aus Dankbarkeit für die erfahrene Zuneigung noch im Tod treu zu dienen, sicherte ihr unsterblichen Ruhm und eine Beisetzung neben dem Kaisergrab. Wu Zetians Freitod als namenlose Konkubine hätte bestenfalls den Spott der Zeitgenossen heraufbeschworen.

Die Buddhafigur Vairocana im Fengxian-Tempel der Longmen-Grotten in der Provinz Henan soll die Gesichtszüge der Kaiserin Wu Zetian tragen.

Allerdings gab sich Wu Zetian in dieser scheinbar ausweglosen Lage nicht auf. Sie ertrug drei lange Jahre das Leben einer Nonne, bevor sie wieder vom Thronerben, Kaiser Gaozong, an den Hof zurückgeholt wurde. Angeblich hatte sie sein Mitleid bei einem Besuch des Klosters erregt. Der Umstand, dass Wu Zetian just nach Ende der Trauerzeit für Kaiser Taizong an den Hof zurückkehrte, nährte das Gerücht, sie hätte schon zu Lebzeiten Taizongs ein Verhältnis mit seinem Sohn gehabt. Es war aber wohl vor allem die bisher kinderlos gebliebene Kaisergemahlin Wang selbst, die sich dafür eingesetzt hatte, da sie fürchtete, endgültig die Gunst des Kaisers an eine aufstrebende Nebenbuhlerin zu verlieren. Im Alter von achtundzwanzig Jahren erhielt Wu Zetian so eine zweite Chance am Hof.

Die Kaiserin Wang aber hatte offensichtlich den Willen Wu Zetians völlig unterschätzt: Als Wu Zetian dem Kaiser Gaozong eine Tochter gebar, erstickte sie diese noch auf dem Kindbett. Nachdem der Säugling tot unter seiner Decke gefunden wurde, ließ der erzürnte Kaiser den Vorfall sofort untersuchen. Während Wu Zetian ihre Tränen unter Wehklagen zur Schau stellte, stand die von diesem Schachzug völlig überraschte Kaiserin Wang plötzlich in keinem guten Licht da. Sie konnte die gegen sie erhobenen Zweifel nicht zerstreuen und verlor für immer das Vertrauen des Gaozong. Es war von nun an nur noch eine Frage der Zeit, bis Wu Zetian, die dem Kaiser später vier Söhne und eine Tochter schenken würde, endgültig ihren Platz eingenommen hatte und zur Hauptfrau des Kaisers ernannt wurde.

Als Gaozongs Gesundheitszustand sich mit fortschreitendem Alter mehr und mehr verschlechterte, unterstützte ihn Wu Zetian zunehmend bei der Leitung des Staates. Ihre umsichtigen Vorschläge erfreuten sich bald großer Beliebtheit, und so regierten Gaozong, der »Himmelskaiser« genannt wurde, und Wu Zetian, die man »Himmelskaiserin« nannte, einvernehmlich als die »Zwei Weisen«. Während Wu Zetian anfänglich noch hinter einem Wandschirm verborgen die Politik verfolgt hatte, konnte sie von nun an auch ganz offen als Kaiserin an den Audienzen teilnehmen.

Je mehr sie allerdings die Fäden in die Hand nahm, desto unheimlicher wurde sie Gaozong, und er trug sich schon mit dem Gedanken, sie als Kaiserin wieder zu verstoßen. In jedem Fall schien es an der Zeit, die Macht an einen seiner starken Söhne abzugeben. Der älteste Kronprinz fand jedoch kurz darauf ein überraschendes Ende, der zweite wurde der Rebellion bezichtigt, vom Hof verbannt und starb wenige Jahre darauf als Gemeiner in der Fremde. Als Gaozong schließlich im Jahre 683 seiner Krankheit erlag, wurde Wu Zetians dritter Sohn zum Kaiser ernannt, nur um kurze Zeit später auf ihr Betreiben hin von ihrem vierten Sohn, dem Schwächsten unter den Brüdern, abgelöst zu werden. Wu Zetian ließ sich ihre Macht nicht mehr nehmen.

Obwohl sie zu diesem Zeitpunkt nur noch einen Schritt vom Kaiserthron entfernt war, vergingen weitere sechs Jahre, bevor sie sich zur Kaiserin erklären ließ. Sie mag gespürt haben, dass man sich selbst in ihrer Zeit, in der Frauen Freiheiten und Rechte genossen wie selten in der chinesischen Geschichte, nicht einfach zur Alleinherrscherin über die Welt ausrufen konnte – auch wenn man es ohne Zweifel hinter den Kulissen schon längst war. Ihre bisherige Position hatte sie dank ihrer Beharrlichkeit und ihrem Geschick erworben; um aber selbst Kaiserin zu werden, galt es, eigentlich Unmögliches zu vollbringen. Was Wu Zetian nun versuchte, war – um es einmal bildlich auszudrücken – nicht weniger, als den Mond an den Platz der Sonne zu rücken!

Umso beeindruckender ist es daher, zu sehen, mit welcher Präzision im Detail und welchem geistigen Aufwand sie nach dem Mandat des Himmels strebte: In der Folgezeit baute sich ganz allmählich im ganzen Reich ein dichtes Netz aus Prophezeiungen und Glück verheißenden Ereignissen auf, das nur einen Schluss zuließ: Der Himmel will die »Göttliche Mutter« als Kaiserin. Neue Berge und seltsame Himmelserscheinungen sollen aufgetaucht sein, ominöse Inschriften wurden gefunden, und selbst buddhistische Sutren wurden auf einmal so gedeutet, dass Wu Zetian, wenn nicht gar die lang ersehnte Inkarnation des nächsten Buddha (Maitreya), so doch der himmlische Herrscher (Chakravartin) über diese Welt sein musste. Diese hochinteressante Auslegung der heiligen Texte stellt ohne Zweifel eine Glanzleistung der beteiligten Mönche dar. Denn auch der Buddhismus behält diese zwei edlen Aufgaben Männern vor.

Als schließlich auch noch der letzte Zweifler beseitigt worden war, durften der Hofstaat, die Massen, alle Minister und der eigene Sohn – nominell immer noch der Regent – lautstark fordern, sie möge den Ruf zur Kaiserin annehmen. Mit sechsundsechzig Jahren hatte Wu Zetian damit den absoluten Höhepunkt ihrer Macht erreicht. Als sie kurz vor ihrem natürlichen Tode doch noch abdanken und ihr Amt an den eigenen Sohn übergeben musste, hatte sie fünfzehn Jahre als Kaiserin gewirkt. Was sie erreicht hatte, gelang keiner Frau mehr in der chinesischen Geschichte.

Noch heute steht in Qianling auf der kaiserlichen Grabanlage ihre rätselhafte Grabstele, die, ganz ohne Zeichen, kein Wort über sie berichtet. Ist dieses Schweigen etwa der späte Preis, den sie für ihre unerhörte Tat zahlen musste? Taizong hatte sie einst die »Gefällige« (Mei) genannt. Nach ihrem Tod verlieh man ihr den kanonischen Titel »Die den Himmel zum Maßstab nehmende« (Zetian) großgöttliche Kaiserin, unter dem sie noch heute bekannt ist. Sie selbst hingegen gab sich einmal kurz vor ihrem Aufstieg zur Kaiserin einen wahrlich einzigartigen Namen, indem sie eigens ein neues Zeichen aus den Bestandteilen »Sonne«, »Mond« und »Leere« kreierte. Sie stellte sich damit ganz bewusst als Frau über die Unterscheidung in Sonne und Mond, die nur leere Illusion ist, und damit weit über jegliche Geschlechterdifferenz. Welcher irdische Nachruf könnte je dem damit bekundeten Anspruch gerecht werden?

KAISERINWITWE CIXI
Herrscherin der Qing-Dynastie, 1835–1908

ie Kaiserinwitwe Cixi war die letzte mächtige Herrscherin der mandschurischen Qing-Dynastie (1644–1911). Sie lenkte die Geschicke des Kaiserreichs fast ein halbes Jahrhundert – viel länger als die meisten Kaiser – zu einer Zeit, in der große Umbrüche sich andeuteten.

Cixi stammte aus dem Yehe-Nara-Clan, der über die Jahrhunderte immer wieder schöne Konkubinen für die Kaiser gestellt hatte. Sie trat im Jahre 1851 als Nebenfrau des fünften Ranges in die Verbotene Stadt ein. Erst nach der Geburt ihres Sohnes, des einzigen männlichen Nachkommens des Xianfeng-Kaisers, stieg sie in der Hierarchie des Hofes auf. Als der Kaiser im Jahre 1861 im Sterben lag, erklärte er zwar noch seinen einzigen Sohn zum Thronfolger, stellte ihm aber zugleich einen Rat aus acht mächtigen Ministern zur Seite, welche ihn in den Regierungsgeschäften unterstützen sollten. Cixi selbst wurde als Mutter des herrschenden Kaisers nun neben der einstigen Hauptfrau des Kaisers zur zweiten Kaiserinwitwe des Hofstaats ernannt. Die vielleicht vom Xianfeng-Kaiser durch diese Teilung der Macht angestrebte Balance der Fraktionen am Hof hielt allerdings nicht lange an. Während die beiden Kaiserinnen durch die ihnen zustehenden kaiserlichen Siegel es in der Hand hatten, kaiserliche Erlasse abzusegnen, verweigerten ihnen die acht Minister mit Verweis auf die geltenden Sitten als Frauen die Teilnahme an der Regierung. Die Kaiserinwitwen verbündeten sich schließlich mit einer dritten Kraft, dem Bruder des verstorbenen Kaisers Yixin, und planten im Geheimen

Kaiserinwitwe und Regentin Cixi im Kreise ihrer Hofdamen, Foto, um 1900.

den Staatsstreich. Als die Rückführung der sterblichen Überreste des Kaisers von der Sommerresidenz in Jehol, in die er sich vor dem Ansturm der ausländischen Truppen geflüchtet hatte, nach Peking anstand, eilten die Kaiserinwitwen mit dem jungen Kaiser dem Tross voraus, um mit der Unterstützung hauptstädtischer Beamter die mächtigen Minister des Regentschaftsrates vor ihrer Ankunft verhaften zu lassen. Der Mächtigste unter ihnen wurde hingerichtet, den beiden Ministern, die aus dem kaiserlichen Clan stammten, Selbstmord gewährt, die restlichen fünf degradiert.

Als der Kindkaiser in Peking mit all den dazugehörenden Riten offiziell gekrönt wurde, begann Cixis Zeit als Herrscherin am Hof. Der alte Xianfeng-Kaiser hatte das Reich in einem katastrophalen Zustand hinterlassen: Im Süden wütete schon seit über einem Jahrzehnt der Taiping-Aufstand, der Millionen von Menschen das Leben kostete, während im Norden nach den Niederlagen im zweiten Opiumkrieg erneut Zugeständnisse an die Ausländer gemacht werden mussten.

Trotz dieser widrigen Umstände gelang es Cixi, die Unruhen – unter anderem durch den verstärkten Einsatz von chinesischen Beamten – niederzuschlagen und noch einmal Ruhe im Land einkehren zu lassen.

Cixi scheint in vielen Situationen eine glückliche Hand gehabt zu haben, doch all ihre Erfolge zählen rückblickend nichts mehr. Schon seit Konfuzius mussten sich die chinesischen Geschichtsschreiber unmissverständlich zwischen Lob und Tadel entscheiden – wozu sie im Falle einer mandschurischen Frau, welche für immer mit dem Untergang des letzten chinesischen Kaiserreichs verbunden ist, zumeist nicht lange brauchten.

Man hat Cixi bis heute nicht verziehen, dass sie den ersten Japanischen-Chinesisch Krieg leichtfertig verlor, was unter anderem zur Abtretung der koreanischen Halbinsel, der Insel Formosa und der Liaodong-Halbinsel führte. Sie baute mit den für das Militär bestimmten Geldern lieber ihren Sommerpalast aus. Ebenso habe sie aus persönlicher Machtgier sämtliche Reformbemühungen der Beamten

Porträt der Kaiserinwitwe Cixi, Gemälde von Hubert Vos (1855–1935) aus dem Jahr 1905, Öl auf Leinwand, Vermächtnis Grenville L. Winthorp, Harvard University Art Museum, Cambridge, Massachusetts.

Links: Phönixrobe Cixis; darauf zu sehen ist der Phönix-Feng-Huang, eines der vier Symboltiere, die in der chinesischen Mythologie das himmlische Reich bewachen.

unterdrückt. Die Niederlage im Boxerkrieg und die Konsequenzen wiegen nicht minder schwer. Ihr hartes Vorgehen bei der Verteidigung ihrer Interessen und der wahrlich unheimliche Zufall, dass der nach dem frühen Tod ihres eigenen Sohnes eingesetzte und wohl schon lange unter Hausarrest stehende Guangxu-Kaiser exakt einen Tag vor ihrem eigenen Ableben verstarb, runden das idealtypische Bild der grausamen und bösen letzten Herrscherin ab. Cixi habe das Vaterland verraten, das Reich durch ihre Verschwendungssucht ruiniert und den Eintritt Chinas in die Moderne durch ihre reaktionäre Haltung verhindert. Konnte sie überhaupt lesen, was sie da als Kaiserin alles unterzeichnete, oder saß sie nur den ganzen Tag vor dem Spiegel und frönte zuweilen den Delikatessen ihrer Meisterköche?

Es ist schwer, einen unvoreingenommenen Blick auf Cixi zu werfen, da sie bereits zu ihren Lebzeiten den Kampf gegen die Stimmen der von ihr unterschätzten neuen Medien verloren hatte. Das Bild des unnahbaren Kaiserhofs und seiner Herrscherin verzerrte sich zunehmend unter dem Einfluss der verbotenen Propagandablätter der heute gefeierten Reformer im Bund mit den Ausländern, die ganz eigene Interessen an der Destabilisierung Chinas hatten. Gerade die frühen, im Westen erschienenen Biografien sind wie viele ihrer chinesischen Pendants kaum ausgewogen.

Kaiserpalast, Verbotene Stadt in Peking, Aquarell von Iwan Alexandrow (1780 bis 1818), um 1804/06, Papier, Wassili Tropinin Museum, Moskau.

Im Jahre 2008, hundert Jahre nach dem mysteriösen Doppeltod von Kaiser und Kaiserinwitwe, veröffentlichte man einen spektakulären Bericht, der nahelegt, dass der Guangxu-Kaiser mit Arsen vergiftet wurde. Auch dieses Beispiel zeigt, dass die Geschichte der Cixi erst noch geschrieben werden muss. Es ist zu hoffen, dass dabei auch die Frau durchscheinen darf, die wohl viel weniger starrsinnig war, als man glauben soll, und sehr wohl am Ausland, der Moderne und allem Neuen interessiert war. Es wird spannend sein, ihr zu begegnen, die sich – neben einer Schwäche für Pekingoper, Kosmetik und Schönheitspflege – auch sehr für Fotografie begeisterte und uns immer wieder mit diesen wachen Augen aus den alten Bildern anschaut.

Als 1911 das Kaiserreich der Mandschuren endgültig seinen letzten Atemzug getan hatte, flammte die Legende auf, dass einst der besiegte Führer des Yehe-Nara-Clans den Reichseiniger und Stammvater der Qing-Dynastie Nurhaci (1559–1626) mit einem Fluch belegt haben soll: »Solange auch nur eine Frau aus meinem Clan überleben sollte, wird sie Euer Reich vernichten!« Die Qing mögen als Fremdherrschaft begonnen haben, untergegangen sind sie – zumindest im Nachhinein – mustergültig als chinesische Dynastie.

紅顏禍水
FEMMES FATALES

Ob Frauen als unsterbliche Schönheit oder als Femme fatale in die Geschichte eingingen, hing vom moralischen Urteil der nachfolgenden Generationen ab. Der verderbliche Einfluss einer schönen Konkubine auf den Herrscher ist spätestens seit Mo Xi, Da Ji und Bao Si, den drei Konkubinen der letzten Könige der ersten drei chinesischen Dynastien, eine blühende Legende. Die vierte in diesem Kapitel vorgestellte Schönheit, Zhao Feiyan, wird für den Niedergang der westlichen Han-Dynastie verantwortlich gemacht.

MO XI
Konkubine des letzten Königs der Xia, 17./16. Jahrhundert v. Chr.

ie Furcht vor klugen Frauen sitzt tief, vor allem, wenn sie darüber hinaus auch noch schön sind. Schon in den alten Liedern wurde vor ihrem Einfluss gewarnt: Ein weiser Mann wird eine Stadt errichten, eine weise Frau wird eine Stadt zu Fall bringen. Klagt solch eine weise Frau, so gleicht ihr unheilvoller Ruf Eulen und Käuzen. Eine Frau mit einer langen Zunge ist der Prüfstein vor dem Untergang. Denn Chaos wird nicht vom Himmel gesandt, sondern entsteht durch die Frauen.

Furcht mündet schnell in Brandmarkung. Daher überrascht es auch nicht, dass aus Mo Xi – der Frau, welche die erste irdische Dynastie Chinas in den Untergang gerissen haben soll – für immer ein warnendes Beispiel einer verhängnisvollen Favoritin wurde.

Ihre Schönheit soll ihre Tugend bei Weitem übertroffen haben. Subversiv und unmoralisch soll sie gewesen sein, zwar die Eleganz einer Frau, aber das Herz eines Mannes gehabt und die Frechheit besessen haben, Schwert und Männerkappe zu tragen – was gemäß traditionellen Vorstellungen alles in der Welt aus der Bahn werfen würde.

Mo Xi kam nach einem Feldzug der Xia gegen den Stamm der Youshi als Tributgeschenk der Bezwungenen an den Hof des Königs Jie, der bekannt war für seine Lüsternheit. Nach ihrer Ankunft soll Jie Tag und Nacht im Harem gefeiert und alles getan haben, um seiner neuen Konkubine zu gefallen. Er versammelte Gaukler und Zwerge und vergnügte sie mit ihren extravaganten Darbietungen. Als er erfuhr, dass Mo Xi den Klang von reißender Seide liebte, ließ er ganze Seidenballen vor ihr zerreißen. Er füllte einen Teich mit Wein, bis Boote darauf fahren konnten. Auf einen Trommelschlag mussten dreitausend Menschen so lange trinken, bis einige von ihnen besinnungslos darin ertranken. Mo Xi vergnügte sich dabei lauthals lachend. Jie trieb auch gerne Tiger auf den Marktplatz und ergötzte sich dann an der Panik der Menschen.

Wie später noch oft in der chinesischen Geschichte, hörte Jie nicht auf die Worte weiser Berater. Dem aufrichtigen Guan Longfeng, der ihn vor dem drohenden Fall retten wollte, entgegnete Jie ungehalten: »Geht etwa die Sonne unter?! Erst wenn die Sonne untergeht, gehe auch ich unter!« Er argwöhnte, sein Berater führe heimlich Hetzreden gegen ihn, und brachte ihn kurzerhand um.

Verblendet vom ausschweifenden Leben und seiner dunklen Schönheit, gewahrte der grausame Herrscher kaum mehr die Gefahren, die seinem Reich drohten. So gelang es dem kleinen Nachbarn Shang mit ein wenig Hilfe des Himmels, die bösen Xia abzulösen.

Bevor Mo Xi zur ersten Femme fatale, Guan Longfeng zum verkannten Mahner und Jie zum dekadenten Tyrannen stilisiert wurden, gab es jedoch Erzählungen, die, eingedenk Mo Xis Vergangenheit, gewissermaßen aus ihr eine Agentin machten, die Rache für die Unterwerfung ihres Stammes nahm:

Tang, der Führer der Shang und kommender Bezwinger der Xia, konnte eines Tages nicht länger mit ansehen, wie die Welt zugrunde ging, und sandte daher seinen Getreuen Yi Yin zu den Xia, um sich ein genaues Bild der Lage machen zu können. Nach drei Jahren

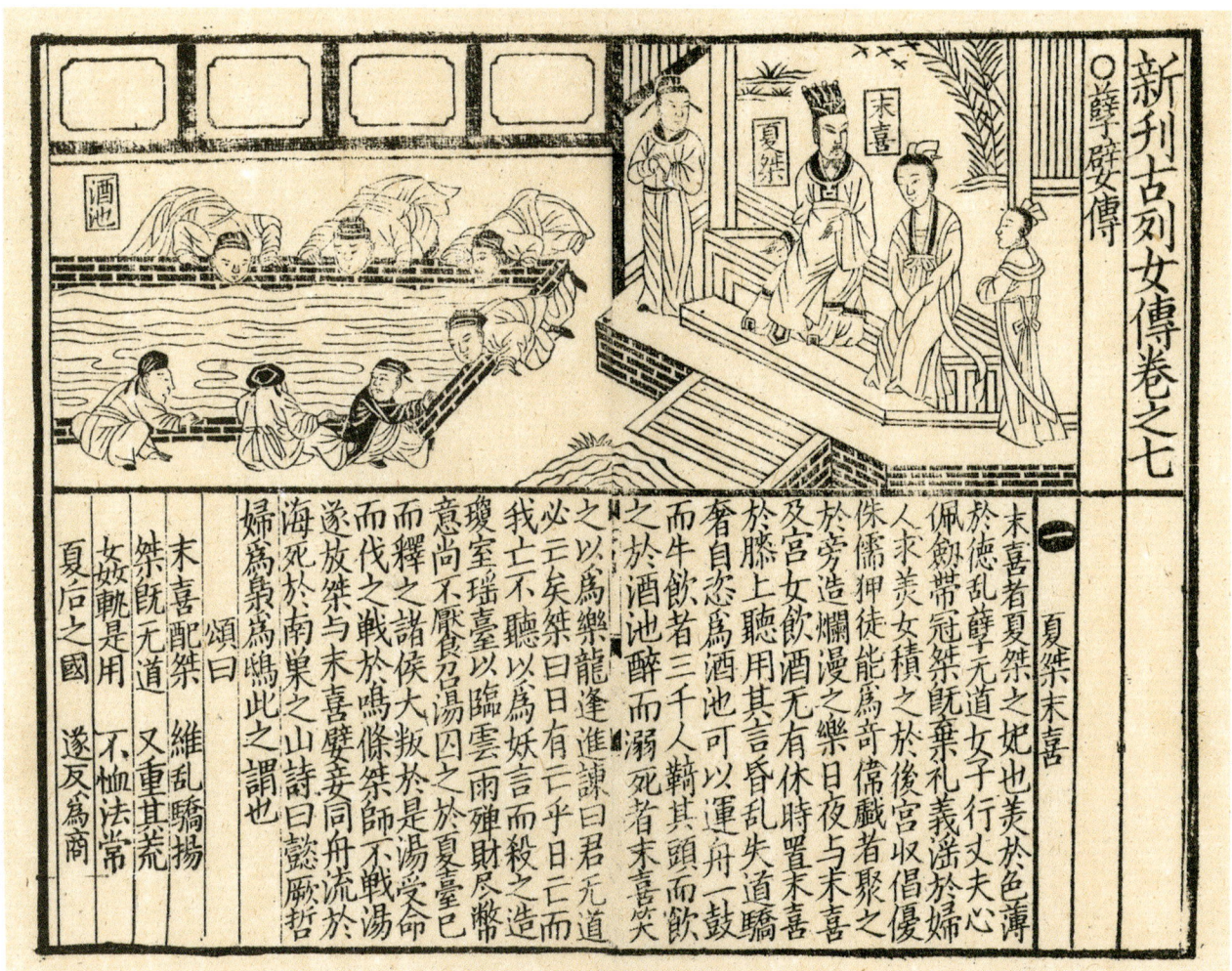

Für Mo Xi füllte Jie sogar einen Teich mit Wein, bis ganze Boote darauf fahren konnten. Auf einen Trommelschlag mussten dann dreitausend Menschen so lange trinken, bis einige von ihnen besinnungslos darin ertranken.

kehrte Yi Yin zu Tang zurück und berichtete von den Missständen dort. Beide schworen sie nun, gemeinsam die Xia zu vernichten. Yi Yin kehrte erneut an den Hof des Jie zurück und erfuhr von Mo Xi, dass Jie des Nachts einen Traum gehabt hatte: Im Westen sei eine Sonne und im Osten sei eine Sonne am Himmel zu sehen gewesen. Die Sonnen hätten miteinander gekämpft, bis schließlich die westliche obsiegt hätte. Yi Yin teilte Tang diesen Traum mit. Da erkannten sie ihre Chance, führten ihre Truppen trotz der großen Dürre in ihrer Heimat heimlich in einem Bogen in den Westen von Xia und griffen an. Ohne dass es überhaupt zu einem Kampf kam, suchte Jie, der wohl meinte, den Ausgang dieser Schlacht West gegen Ost nur allzu gut zu kennen, das Weite. Tang von den Shang wurde zur großen Freude der Menschen der nächste Sohn des Himmels.

Die Shang werden seitdem als die vom Himmel geschickten Erlöser gefeiert, doch findet man durchaus nüchterne Stimmen, die andeuten, dass ihr Führer zunächst ganz gezielt die Schönen und Heuchler bestochen und so mit viel Gold den Hof des Jie destabilisiert hätte. Welches Schicksal Mo Xi in ihrem Leben auch ereilt haben mag, die Moral späterer Zeiten will es, dass sie gemeinsam mit Jie auf einem Boot floh und am Fuße des Südwestbergs starb.

DA JI
Konkubine des letzten Königs der Shang, 11. Jahrhundert v. Chr.

Ist die Geschichte dazu verdammt, sich auf ewig zu wiederholen? Als Zhou, der letzte Herrscher der Shang, den Stamm der Yousu angriff, gaben sie ihm Da Ji zur Frau. Sie erlangte seine Gunst und richtete die Shang zugrunde, so wie einst Mo Xi die Xia mit sich gerissen hatte.

Da jedoch nach den Shang mit der Zhou-Dynastie das goldene Zeitalter des chinesischen Altertums anbrach, war es von höchster Bedeutung, dass an diesem vom Himmel aufgetragenen Dynastiewechsel kein zersetzender Zweifel aufkam. Recht und Unrecht sind bei diesem Umsturz infolgedessen eindeutig zugeordnet. Zur Sicherheit schrieb man dem tyrannischen Zhou im Laufe der Geschichte gleich mehrere Dutzend Vergehen zu. Zunächst heißt es, er hätte die Götter vernachlässigt und den Wein geliebt, die alteingesessenen Adligen übergangen und eher auf frisches Blut gesetzt. Er soll sogar regelmäßig auf die Ratschläge von Frauen gehört haben! Worin manch moderner Gelehrte Reste matriarchalischer Mitbestimmung wähnt, sahen die alten Konfuzianer einen Sündenpfuhl wollüstiger Dekadenz. So darf es nicht überraschen, dass sich Da Ji, eine Schönheit, über die man sehr wenig weiß, nicht in die mustergültige Reihe der keuschen Jungfrauen einreihen durfte.

König Zhou, der unter diesem Himmel niemanden fürchtete und sich ganz den Vergnügungen hingab, konnte nicht von Da Ji lassen. Was sie pries, schätzte er. Was sie hasste, vernichtete er. Für sie schuf er neue, aufreizende Lieder, erotische Tänze und betörenden Gesang. In seinem Palast hortete er seltene Schätze, und Schmeichler und Schöne bekamen alles, was sie begehrten. Aus Trester häufte er einen Hügel an, mit Wein füllte er einen Teich, und aus getrocknetem Fleisch erschuf er einen Wald, in dem sich nackte Menschen gegenseitig haschen durften. Nächtelang dauerten die Gelage, und Da Ji liebte all dies.

Die Fürsten, die dem Treiben nicht mehr länger zusehen wollten, planten den Umsturz, woraufhin Zhou die Brandfolter erfand und die Verbrecher über ein glühend heißes Bronzerohr balancieren ließ. Wenn jemand in das sich darunter befindende Feuerbett stürzte, lachte Da Ji.

So wie einst Jie in Guan Longfeng einen treuen Berater gehabt hatte, so stand Zhou Bingan zur Seite, der ihm unerschrocken ins Gewissen redete: »Wer sich nicht an die alten Gesetze der früheren Könige hält und die Worte der Frauen gebraucht, den wird das Unheil in kürzester Zeit einholen!« Zhou verlor bei diesen Worten die Fassung. Darauf entgegnete Da Ji: »Ich habe gehört, das Herz eines Weisen habe sieben Öffnungen.« Da riss Zhou Bingans Herz heraus, um es vor aller Augen zu betrachten.

Als Zhou in der Schlacht von Muye unterlag – seine Truppen sollen sich zuletzt zu kämpfen geweigert haben –, stieg er auf die Hirschterrasse, hüllte sich in einen kostbaren Umhang und nahm sich das Leben. Der über Zhou triumphierende König Wu hatte auf seiner Mission die Strafe des Himmels überbracht und wurde nun von den erlösten Fürsten gefeiert. Er enthauptete Da Ji und spießte ihren Kopf auf einem Ban-

Der König Zhou häufte aus Trester einen Hügel an, mit Wein füllte er einen Teich und aus getrocknetem Fleisch erschuf er einen Wald, in dem sich nackte Menschen gegenseitig haschen durften. Nächtelang dauerte die Gelage, und Da Ji liebte all dies.

ner auf. In ihr sah er die Frau, die die Shang in den Untergang getrieben hatte.

Rückblickend machte man Da Ji für alle Verfehlungen verantwortlich. Und das, obwohl manches darauf hindeutet, dass zum Beispiel die Brandfolter schon vor ihrer Ankunft am Hof der Shang praktiziert wurde, dass Da Ji sehr lange Zhou zur Seite stand und im Alter von fast sechzig Jahren lieber den Freitod starb, als in die Hände der strahlenden Befreier zu fallen. Da Ji, die zu Lebzeiten vermutlich in keine der einengenden Idealvorstellungen der Eroberer gepasste hatte, musste sich am Ende dem ungeschriebenen Gesetz der Geschichte beugen.

BAO SI
Konkubine des letzten Königs der Zhou, 8. Jahrhundert v. Chr.

m zweiten Jahr der Herrschaft des König You der Zhou (781–771 v. Chr.) wurden die Hauptstadt und das Dreiflussbecken von einem Erdbeben erschüttert. Da wusste der Großschreiber der Zhou, Bo Yang, dass die Zhou untergehen würden.

Wenn Menschen das Qi zwischen Himmel und Erde einmal aus der rechten Ordnung bringen und das Yang vom Yin unterdrückt wird, werden die Flüsse versiegen und Berge einstürzen, und es dauert bestenfalls noch eine Dekade, bis die Dynastie untergehen wird! So war es bei den Xia, als der Yi- und Luo-Fluss austrockneten, und so war es bei den Shang, als der He austrocknete. Die Zhou hatten durch ihre Taten nun ebenfalls die Quellen und Läufe der Flüsse blockiert, und es war nur noch eine Frage der Zeit, bis auch dieser Staat ausgelöscht werden würde.

Im dritten Jahr der Herrschaft des Königs You der Zhou beglückte ihn Bao Si. Sie gebar ihm einen Sohn, Bofu. Der König wollte daraufhin die Königin und Mutter des bisherigen Thronerben, Yichiu, die die Tochter des Marquis von Shen war, samt ihrem Sohn absetzen. Da verkündete der Großschreiber der Zhou, Bo Yang:

Die Zhou sind am Ende! Als einst die Xia im Niedergang begriffen waren, erschienen zwei göttliche Drachen vor dem Herrscher und sagten: »Wir sind die zwei Herren von Bao!« Der König ließ das Knochenorakel befragen, ob er sie töten, vertreiben oder behalten sollte. Doch diese Pläne waren allesamt nicht glückverheißend. Erst als er fragte, ob er ihre Spucke aufbewahren sollte, erhielt er eine Glück verheißende Antwort. Der König der Xia breitete daher Seidentücher vor den Drachen aus und schrieb ein Gebetstäfelchen für sie. Die Drachen ließen darauf ihre Spucke zurück, der Herrscher verwahrte sie in einem Kasten, und die Drachen verschwanden. Dieser Kasten wurde nach dem Untergang der Xia an die Shang weitergereicht. Nach dem Untergang der Shang ging er in die Hände der Zhou-Könige über. Während all dieser Zeit hatte es kein Herrscher jemals gewagt, das Kästchen zu öffnen. Erst am Ende der Herrschaft des Königs Li der Zhou (864–828 v. Chr.) wurde das Kästchen geöffnet, und die Spucke überschwemmte den ganzen Hof. Niemand konnte sie aufwischen. Da ließ der König Li sich einige Frauen nackt ausziehen und die Spucke lauthals beschimpfen. Die Spucke verwandelte sich in ein schwarzes Reptil und kroch in die Frauengemächer. Dort begegnete ihm ein junges Mädchen und wurde schwanger. Da es aber keinen Mann hatte und dennoch ein Kind gebar, fürchtete es sich und setzte das Kind heimlich aus. Zur Zeit des Königs Hsüan (827–782 v. Chr.) wurde auf den Straßen ein Kinderlied gesungen, in dem es hieß, ein Bogen aus wildem Bergmaulbeerholz und ein Köcher aus Qi-Holz würden den Staat der Zhou vernichten. Als der König davon erfuhr, befahl er, das Paar zu verhaften, welches diese Waffen vertrieb. Als das Paar floh, fanden sie zufällig das Kind, welches von dem jungen Mädchen aus den inneren Gemächern des Königs am Straßenrand ausgesetzt worden war. Da es in der Nacht herzzerreißend schrie, hatten sie Mitleid, nahmen sich seiner an und flohen mit ihm nach Bao. Bao hatte gerade den König Hsüan der Zhou beleidigt. Da schlug das Paar vor, dem König von Zhou die hübsche Adoptivtochter zur Versöhnung mit den Menschen von Bao zu schenken. Da sie aus Bao kam, nannte man sie folglich die Si (ältere Schwester) aus Bao.

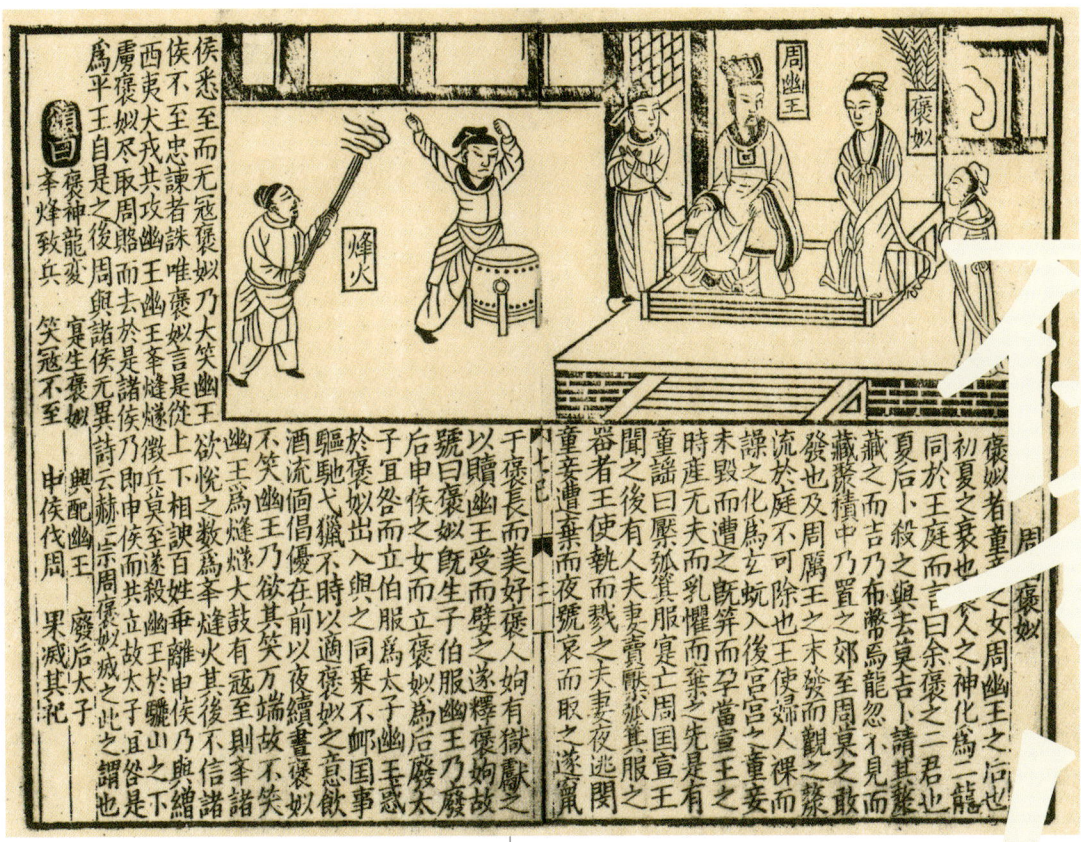

König You versuchte alles, um Bao Si ein Lächeln zu entlocken, daher ließ er die Alarmfeuer entzünden. Sogleich eilten die Lehensfürsten herbei, doch weit und breit waren keine Feinde zu sehen. Da lachte Bao Si lauthals auf. Der König war höchst zufrieden und entzündete die Alarmfeuer noch einige Male, was Bao Si erfreute, die Lehensfürsten erzürnte und den Alarmfeuern die Wirkung nahm. Dieser Umstand wurde König You und Bao Si kurze Zeit später zum Verhängnis.

Mit der Liebe des Königs You zu Bao Si nahm das Unheil seinen Lauf. Der König setzte letztlich die alte Königin und ihren Sohn zugunsten von Bao Si und dem neuen Kronprinzen ab.

Allerdings lachte Bao Si nie. Der König You versuchte alles, um ihr nur ein Lächeln zu entlocken, doch alle seine Bemühungen waren vergebens. Da ließ der König die Alarmfeuer entzünden und schlug die großen Trommeln. Da diese Feuer nur im Notfall angezündet werden sollten, wenn Eindringlinge das Reich überfielen, kamen sogleich alle Lehensfürsten zu seiner Rettung herbei. Als sie jedoch angestürmt kamen, waren weit und breit keine Feinde zu sehen, allein Bao Si lachte lauthals auf. Der König war höchst zufrieden und entzündete die Alarmfeuer noch einige Male. Ab nun widerstrebte es den Lehensfürsten, herbeizueilen, da die Alarmsignale offenbar ihren Sinn verloren hatten.

Als der König You von Zhou auch noch alle Macht am Hof in die Hände eines vom Volk gehassten Ministers legte, kam es zum Aufstand. Der Marquis von Shen, der bereits seit der Absetzung seiner Tochter und ihres Sohnes dem König grollte, ging ein Bündnis mit Zeng und den Weststämmen ein, um den König You anzugreifen. Der König ließ in seiner Not die Alarmfeuer anzünden, jedoch kam dieses Mal niemand zu Hilfe. Die Eindringlinge töteten König You am Fuße des Berges Li und nahmen Bao Si und alle Schätze des Zhou-Hofes mit sich. Der Marquis von Shen einigte sich mit den Fürsten darauf, den einst verstoßenen Kronprinzen zum neuen König zu erklären, um die Linie der Zhou fortzuführen. Bao Sis Ende ist unbekannt. Gemäß den Geboten der zyklischen Geschichtsauffassung der traditionellen Historiografie kann es aber kein gutes gewesen sein.

ZHAO FEIYAN
Konkubine des letzten Kaisers der Han-Dynastie, 32–1 v. Chr.

Feng Wanjin, ein geschätzter Musikmeister, war der Vater der späteren Kaiserin Zhao Feiyan. Er diente in einem der kaiserlichen Haushalte in der Provinz. Dort hatte er eine Affäre mit der Frau des Beamten Zhao Man, dessen Jähzorn und Eifersucht ebenso bekannt waren wie seine Krankheit, die ihn schon lange nicht mehr seine Frau aufsuchen ließ. Die Frau, ebenfalls eine entfernte Verwandte des kaiserlichen Haushalts, zog sich, als sie gewahr wurde, dass sie schwanger war, aus Furcht vor ihrem Mann in den Palast ihrer Verwandten zurück und gebar dort im Verborgenen Zwillinge. Die ältere Tochter hieß Yizhu (»es gehört sich, zu herrschen«), die jüngere Hede (»vereinigt alle Tugenden«), und beiden gab man den Nachnamen Zhao. Yizhu war schon in ihrer Jugend sehr klug und aufmerksam. Besonders gut war sie in diversen Qi-Übungen, sodass sie äußerst zierlich blieb und sich wirbelnd in die Luft erheben konnte. Ihre Wespentaille war legendär, und die staunenden Menschen nannten sie nur Feiyan, die »Fliegende Schwalbe«. Noch Jahrhunderte später gedachte man ihrer Kunstfertigkeit, mühelos auf einer geöffneten Hand tanzen zu können. Ihre jüngere Schwester Hede zeichnete sich durch einen solchen Glanz aus, dass, wenn sie aus dem Bad stieg, das Wasser sofort wieder von ihrer Haut abperlte. Ihr Gesang war auf sanfte Weise bezaubernd. Beide Mädchen waren überdies umwerfend schön und übertrafen ihre Zeitgenossinnen bei Weitem.

Als ihr Vater starb, verarmte die Familie, und das Schicksal führte die Schwestern nach Chang'an, wo sie von einem gewissen Zhao Lin, der im Haushalt der Prinzessin Yang'a diente, adoptiert wurden. Dort kamen die Schwestern als einfache Dienstmädchen unter. Heimlich übten sie sich im Tanzen und Singen, und so gelang es ihnen, das Herz des Kaisers Cheng zu erobern, als sie ihm bei einem Fest präsentiert wurden. Zunächst wurde die ältere, dann auch die jüngere Schwester in seinen Harem aufgenommen. Ihr Aufstieg innerhalb der hinteren Gemächern mündete in einen erbitterten Machtkampf, zu dessen Opfern die Kaiserin Xu und die Favoritin Ban Jieyu zählten. Sie wurden von den Schwestern beschuldigt, mithilfe dunkler Künste die Rivalinnen im Harem zu verfluchen. Der Kaiser setzte die Kaiserin daraufhin ab. Ban Jieyu, zu den Vorwürfen befragt, gelang es jedoch, den Kaiser von ihrer Tugendhaftigkeit zu überzeugen. So wurde die makellose Ban Jieyu, die sich einst geweigerte hatte, als seine Favoritin im gleichen Wagen mit ihm zu fahren – dieses unziemliche Verhalten hatte die letzten Herrscher der Xia, Shang und Zhou in den Untergang gerissen – erneut reich beschenkt. Da sie jedoch befürchtete, auf lange Sicht den Verleumdungen der Schwestern nicht gewappnet zu sein, bat sie darum, im Haushalt der Kaiserinwitwe dienen zu dürfen. Der Wunsch wurde ihr gewährt.

Die Enttäuschung über diese Schicksalswende fasste sie in unsterbliche Worte, die aus Ban Jieyu nicht nur eine Heldin der Tugendhaftigkeit, sondern auch eine große Dichterin machten: Als einstige Geliebte, die dem Kaiser sogar einen Sohn geboren hatte, der allerdings früh verstorben war, geriet sie gleich einem im

Die Tochter eines geschätzten Musikmeisters eines kaiserlichen Haushalts in der Provinz galt schon in ihrer Jugend als klug und aufmerksam. Besonders gut war sie in diversen Qi-Übungen, sodass sie äußerst zierlich blieb und sich wirbelnd in die Luft erheben konnte. Ihre Wespentaille war legendär, und die staunenden Menschen nannten sie nur Feiyan, die »Fliegende Schwalbe«.
Zhao Feiyan auf einem Gemälde von Qiu Ying, Ming-Dynastie.

Sommer geschätzten Fächer in der Kühle des Herbstes in einem Kästchen in Vergessenheit, während der Kampf um die Gunst des Kaisers zwischen den beiden Schwestern vollends entbrannte.

Kaiser Cheng hatte zwar die bisherige Kaiserin Xu abgesetzt, seine Pläne, Zhao Feiyan zur neuen Kaiserin zu ernennen, stießen aber auf heftigen Widerstand, auch seitens der einflussreichen Kaiserinwitwe. Ein Grund mag die niedere Herkunft Zhao Feiyans gewesen sein, denn man beförderte zunächst ihren Vater Zhao Lin zum Marquis von Chengyang und erhob sie erst dann zur Kaiserin. Jedoch schien Cheng, kaum war Zhao Feiyan an seiner Seite, das Interesse an ihr schon wieder verloren zu haben. Er widmete sich nun ganz ihrer Schwester Zhao Hede und ließ ihr einen Palast errichten, der alles bisher Gekannte an Pracht und Luxus übertroffen haben soll. Gold, Perlen und Jade schmückten die Hallen im Überfluss. Das Ringen um die Gunst des Kaisers aber war noch lange nicht entschieden, denn nur diejenige, die ihm einen Sohn schenkte, würde sich behaupten können.

Die Schwestern setzten alles an Verführungskünsten ein, was man sich nur erdenken konnte. Sie badeten in edelsten Essenzen, versuchten, das eigene Altern aufzuhalten, täuschten Schwangerschaften vor und konnten dennoch keinen Thronerben präsentieren. In ihrer Not schliefen sie sogar mit den Palastdienern – und stritten sich auch hier um den gleichen Mann namens Yan Chifeng (»Roter Phönix«). Nachdem Zhao Feiyan gewahr wurde, dass dieser auch mit ihrer Schwester verkehrte, kam es bei einem Opferdienst in einem Ahnentempel, zu dem die Melodie »Komm Roter Phönix« angestimmt wurde, zum Eklat. Die Kaiserin fragte ihre Schwester: »Zum wem kommt der Rote Phönix?« Zhao Hede antwortete ihr: »Selbstverständlich kommt der Rote Phönix zu meiner Schwester, oder sollte er besser zu jemand anderem gehen?« Außer sich kippte Zhao Feiyan ihren Becher über das Kleid der Schwester: »Kann eine Maus etwa einen Menschen fressen?« Zhao Hede entgegnete kalt: »Sie kriecht in dessen Kleider, erblickt sein dreckiges Geheimnis – das reicht! Was sollte der Maus daran gelegen sein, den Menschen zu fressen?!«

Dieser Vorfall drang auch an des Kaisers Ohr. Er hatte jedoch Angst vor seiner Kaiserin und fragte lieber ihre Schwester. Zhao Hede beschwichtigte ihn sogleich und erklärte, dass die Kaiserin nur eifersüchtig gewesen sei und sie beide, da das Haus der Han mit der Tugendkraft des Feuers verbunden war, ihn, den Kaiser, als »Roten Phönix« bezeichnet hätten. Der Kaiser glaubte ihren Worten und freute sich sehr.

Über zehn Jahre blieben all ihre Unternehmungen fruchtlos, keine von ihnen konnte dem Kaiser Cheng der Han einen Sohn schenken. Gebar in dieser Zeit einmal eine andere Konkubine einen Sohn, lebte dieser nicht lange oder starb gemeinsam mit seiner Mutter. Die Kinder sangen schon in den Gassen der Hauptstadt, dass »Schwalben« gekommen seien und die Nachkommen des Kaisers zu Tode gepickt hätten!

Schließlich überredeten die Zhao-Schwestern den Kaiser dazu, einen seiner Verwandten an Kindes statt als Kronprinzen anzunehmen. Doch plötzlich verschied der Kaiser. Angeblich starb er an einer Überdosis des Aphrodisiakums, das ihm Zhao Hede verabreicht hatte. Zhao Hede tötete sich daraufhin. Zhao Feiyan wurde zunächst Kaiserinwitwe, verlor aber immer mehr an Einfluss und wurde letztendlich wieder zur Gemeinen degradiert. Auch sie nahm sich das Leben. Wenige Jahre später ergriff Wang Mang die Macht und setzte mit der Gründung seiner Xin-Dynastie der Han-Dynastie ein Ende.

四大美女
DIE VIER SCHÖNHEITEN

Wer das Großartige der chinesischen Frauen erahnen möchte, muss in den Bereich der Poesie vordringen, denn die ausgewählten Persönlichkeiten bewegen schon seit jeher die Herzen der Chinesen, auch wenn sie als historische Figuren kaum fassbar sind. Offenbar ist ihrem Herzen ein Empfinden eigen, das seine Kraft nicht aus dem Staub der Geschichte nährt. So kann es auch nicht verwundern, dass in China eine Frau durch ein einziges Gedicht unsterblichen Ruhm erreichen konnte oder dass von den Vier Schönheiten, Xi Shi, Wang Zhaojun, Diaochan und Yang Guifei, wohl nur drei auf dieser Erde wandelten ...

XI SHI
»... die Fische vergaßen zu schwimmen«, 5. Jahrhundert v. Chr.

Der Krieg zwischen den alten Staaten Wu und Yue würde am Ende nur einen Sieger kennen. Im Jahre 505 v. Chr. hatte Goujians Vater, König Yunchang von Yue, als Wu gerade Krieg gegen Chu führte, die Gelegenheit ausgenutzt und hinterrücks den Nachbarstaat Wu überfallen. Als König Yunchang im Jahre 496 v. Chr. verstarb, wähnte König Helü von Wu die Zeit reif, um endlich Rache zu nehmen. Allerdings unterschätzte er den Widerstand, welchen der junge König Goujian mobilisieren konnte. Als ihre Heere aufeinandertrafen, mussten die Soldaten aus Wu mit ansehen, wie sich die Männer der drei auf sie zumarschierenden Schlachtreihen Yues selbst die Kehle durchschnitten. Yue hatte diese von zum Tode verurteilten Verbrechern erbrachte Ablenkung gezielt inszeniert, um die Truppen aus Wu unter Schock zu besiegen. In der erbitterten Schlacht wurde der König Helü von Wu selbst am Finger getroffen (nach einer anderen Erzählung verlor er seinen großen Zeh) und starb an den Folgen der Verletzung. Seinen Sohn Fuchai beschwor er noch auf seinem Totenbett, niemals zu vergessen, dass Yue seinen Vater getötet hatte.

Drei Jahre übte sich Fuchai in Waffenkünsten, bevor er Rache nahm. Dieses Mal hatte der König Goujian dem Ansturm aus Wu nichts entgegenzusetzen. Er musste einen Vermittler zum König von Yue schicken, um über Frieden zu verhandeln. Goujian bot an, sich dem Staat Wu bedingungslos zu unterwerfen und sein Volk zu Untertanen und Konkubinen von Wu zu machen. Der treue Berater des Königs warnte jedoch eindringlich, nicht auf diesen Vorschlag einzugehen, sondern lieber die Chance zu nutzen, Yue endgültig zu vernichten. Der zögernde König schlug jedoch seinen Rat in den Wind, als sich der besiegte Goujian sogar selbst als Geisel und Diener anbot. Eitelkeit machte seine Ohren taub und sein Herz gierig.

Nach drei Jahren ließ König Fuchai sogar Goujian, der in seiner Loyalität alle übertraf, wieder als seinen Untertan nach Wu zurückkehren, wo er begeistert von seinem Volk gefeiert wurde. Wie einst Fuchai selbst, hatte Goujian keineswegs die Schmach vergessen und bereitete seine Rache nun über zehn Jahre lang vor. Er selbst lebte in dieser Zeit wie ein Gefangener in äußerster Kargheit, schlief auf Stroh und aß bittere Galle, um nicht zu verweichlichen. Den Staat Yue baute er jedoch von Neuem zu nie gekannter Stärke auf.

Da die Vergnügungssucht des Königs von Wu allgemein bekannt war, schlugen die Berater des Goujian vor, ihm ein bildschönes Mädchen zu schenken, das ihn so betören sollte, dass er alle Regierungsgeschäfte sträflich vernachlässigen und der Staat Wu schon in Kürze im Chaos versinken würde. Goujian befand den Plan für ausgezeichnet und schickte sogleich seinen Kanzler Fan Li aus, um die schönste Frau im Reich zu suchen. Am Fuße des Zhuluo-Berges fand er schließlich zwei herausragende Mädchen. Die eine war eine junge Wäscherin, die so bezaubernd aussah, dass, wenn sie ihre Stoffe im Fluss wusch, die Fische zu schwimmen vergaßen und auf den Grund sanken. Man nannte sie Xi Shi – »Westliche Shi«. Die andere, die ihr in Schönheit kaum nachstand, hieß Zheng Dan. Der Kanzler brach-

Kunstvoll gearbeitete Darstellung der Schönheit Xi Shi aus Stroh des Künstlers Zhou Yumei.

te beide an den Hof von Yue zurück und ließ sie in feine Tücher kleiden, mit Schmuck behängen und lehrte sie, sich anmutig zu bewegen. Drei Jahre bildete er sie als Gesellschaftsdamen aus, bevor er sie dem König von Wu als Tribut präsentierte. Als man sie ihm vorführte, kam es, wie es kommen musste, und es bewahrheiteten sich die Prophezeiungen: Der Vogel in den erhabensten Höhen stirbt durch verlockende Leckereien, der Fisch in den tiefsten Abgründen stirbt durch den duftenden Köder.

Der treue Minister hätte es sich ersparen können, den König von Wu an die fatalen Präzedenzfälle in der Geschichte zu erinnern: »Euer Untertan hat einmal gehört, dass tüchtige Recken der Schatz eines Landes, die schönen Frauen aber dessen Verhängnis wären. So gingen doch die Xia durch Mo Xi zugrunde, die Yin durch Da Ji und die Zhou durch Bao Si!«

Xi Shi trieb den König Fucha in den Ruin, verführte ihn zu unbezahlbaren Prachtbauten und stahl alle seine Zeit, sodass er nicht einmal sein eigenes Ende nahen sah.

Als König Goujian von Yue schließlich nach dreijähriger Belagerung der Hauptstadt das Königreich Wu besiegt hatte, bereute es König Fuchai sehr, nicht auf seinen treuen Berater Wu Zixu gehört zu haben, und nahm sich das Leben. Das weitere Schicksal der Xi Shi verliert sich im Dunkeln. Manche sagen, sie sei mit dem Kanzler Fan Li auf einem Boot für immer davongezogen, andere behaupten, die Leute in Wu hätten sie aus Rache für den von ihr herbeigebrachten Untergang selbst in einem Fluss ertränkt.

Am Fuße des Zhuluo-Berges soll es zwei Dörfer gegeben haben. Im westlichen lebte die Xi Shi, im östlichen die Dong Shi – »Östliche Shi« –, die allerdings überhaupt nicht hübsch war. Einst hatte Xi Shi Herzschmerzen und lief mit gerunzelter Stirn in der Nachbarschaft umher. Die hässliche Dong Shi sah dies und fand es schön. Sie kehrte heim und fasste sich auch mit beiden Händen an die Brust und trug in der Nachbarschaft ihre gerunzelte Stirn zur Schau. Bei ihrem Anblick jedoch verschlossen die Reichen Tor und Tür und gingen nicht mehr auf die Straße, die Armen griffen nach Weib und Kind und suchten das Weite. Dong Shi entdeckte Schönheit in einem Stirnrunzeln – erfasste aber nicht, was das Stirnrunzeln schön machte.

WANG ZHAOJUN
*»...die Vögel vergaßen, mit den Flügeln zu schlagen«,
1. Jahrhundert v. Chr.*

ang Zhaojun wurde zu einer Zeit in den Harem des Kaisers Yuan der Han gerufen, als dieser bereits von sehr vielen Frauen bewohnt war. Der Kaiser Yuan fürchtete sogar, selbst den Überblick zu verlieren, da er bei dem üblichen Hofzeremoniell kaum je aller Konkubinen ansichtig wurde. Daher beauftragte er Maler, das Antlitz aller Frauen festzuhalten, um so aufgrund der Porträts entscheiden zu können, wem er des Nachts seine Gunst schenken würde. Die Palastdamen bestachen selbstverständlich alle die Maler. Diejenigen, die viel gaben, steckten ihnen gut 100 000 Münzen zu, und selbst diejenigen, die sich zurückhielten, zahlten in keinem Fall weniger als 50 000. Allein Wang Zhaojun wollte sich ganz auf ihr Äußeres verlassen und weigerte sich als Einzige, ihnen Geld zu geben. Die Maler rächten sich, indem sie ihr Porträt absichtlich hässlich gestalteten. Wang Zhaojun wurde daher niemals dem Kaiser präsentiert.

Irgendwann einmal besuchte eine Gesandtschaft der Xiongnu, eines Nachbarvolks im Norden, den Kaiser Yuan. Es gab immer wieder Phasen, in denen die Han versuchten, die Beziehungen zu den wohl mächtigsten Nachbarn des Reiches durch geschickte Heiratspolitik abzusichern. Als der Führer der Xiongnu um eine solche Heiratsallianz bat, wollte man ihm jedoch nicht eine Prinzessin aus dem Kaiserhaus zur Frau schenken. Der Kaiser sah vielmehr die Porträts seines Harems an und entschloss sich zuletzt, die unansehnliche Wang Zhaojun dem Gast zu überreichen.

王昭君

Die Beziehungen zu den mächtigsten Nachbarn des Reiches sollten durch geschickte Heiratspolitik abgesichert werden. Als der Führer der Xiongnu um eine Heiratsallianz bat, bot man ihm fälschlicherweise Wang Zhaojun, die schönste aller Konkubinen, an. Der Kaiser bereute seine Entscheidung zutiefst. Der Name des Geschenks war allerdings bereits vollmundig verkündigt worden, daher gab es kein Zurück mehr. Glaubwürdigkeit war für den Kaiser im Umgang mit den gefürchteten Nachbarn von größter Bedeutung.

Als Wang Zhaojun in die Weiten der nördlichen Steppen für immer davonritt, soll sie auf dem Rücken des Pferdes ihre Pipa angeschlagen und ein Lied gesungen haben, das so bewegend war, dass die Wildgänse vergaßen, mit ihren Flügeln zu schlagen und verzückt zu Boden fielen.

Als die Xiongnu-Delegation wieder die Heimreise antreten wollte, ließ der Kaiser zum Abschied Wang Zhaojun herbeirufen. Als sie vor ihm erschien, wusste er auf den ersten Blick, dass sie ohne Zweifel die schönste Frau seines ganzen Harems sein musste. Noch nie hatte er ein solch bezauberndes Wesen gesehen. All ihre Bewegungen waren von einer derart gelassenen Eleganz, dass sich sein Auge nicht mehr von ihr losreißen konnte. Sie verstand darüber hinaus, ebenso brillant Konversation zu führen. Der Kaiser bereute seine Entscheidung zutiefst. Der Name des Geschenks war allerdings bereits vollmundig verkündigt worden, daher gab es kein Zurück. Glaubwürdigkeit war für den Kaiser im Umgang mit den gefürchteten Nachbarn von größter Bedeutung. Unter diesen Umständen war es dem Kaiser nicht mehr möglich, sie gegen eine andere Konkubine auszutauschen.

Während Wang Zhaojun mit dem Fremden in den fernen Norden zog, ließ der Kaiser auf der Stelle diesen skandalösen Vorfall untersuchen. Unter den verantwortlichen Malern war Mao Yanshou aus Duling, dem, wenn er einen Menschen malte, egal ob schön oder hässlich, alt oder jung, stets ein täuschend echtes Porträt gelang. Betroffen waren auch Chen Chang aus Anling und Liu Bo und Gong Kuan aus Xinfeng, die geschickt im Malen von Rindern, Pferden und Vögeln im Flug waren. All diese Maler beherrschten die Kunst des Porträts, allerdings kam keiner von ihnen an Mao Yanshou heran. Auch nicht die ebenso beteiligten Du Yangwang und Fan Qing, die sich besonders auf Farblavuren verstanden. Das persönliche Vermögen dieser Maler soll mehrere Millionen betragen haben. Sie alle wurden am gleichen Tag auf dem Marktplatz öffentlich hingerichtet. Maler waren fortan in der Hauptstadt angeblich äußerst rar.

Als Wang Zhaojun in die Weiten der nördlichen Steppen für immer davonritt, soll sie auf dem Rücken des Pferdes ihre Pipa angeschlagen und ein Lied gesungen haben, das so bewegend war, dass die Wildgänse vergaßen, mit ihren Flügeln zu schlagen, und verzückt zu Boden fielen.

Wie groß das Opfer war, das Wang Zhaojun für ihr Reich erbrachte, lässt sich kaum ermessen. Das Leben als Nebenfrau des Anführers der Reiternomaden entsprach in keiner Hinsicht dem einer Konkubine des Han-Kaisers. Dennoch gebar sie dem Führer der Xiongnu einen Sohn. Als der Führer starb, bat sie den chinesischen Kaiser, in die Heimat zurückkehren zu dürfen. Ihr Gesuch wurde jedoch abgelehnt. Gemäß den Sitten der Xiongnu musste sie nach dem Tod ihres Mannes dessen Sohn heiraten. Jenen, den er mit seiner Hauptfrau gezeugt hatte. Ihm gebar sie zwei Töchter. Wang Zhaojun kehrte nie mehr in die alte Heimat zurück und starb in der Fremde. Die Legende will es, dass an dem Ort, wo sie begraben ist, allein auf ihrem Grab das Gras grünt, weswegen man es auch das »Grüne Grab« nennt.

DIAOCHAN
»…der Mond verbarg sich«

enn der Feind stark ist, so greift man dessen General an. Wenn der General klug ist, so greift man seine Gefühle an. Wenn der General schwach wird und die Truppen in sich zusammenbrechen, so schwindet seine mächtige Stellung von selbst dahin. Der Versuch, den Kampfeswillen des Feindes durch den geschickten Einsatz einer betörenden Schönheit zu schwächen, ist selbstverständlich älter als das »Strategem des schönen Menschen«, die Nr. 31 der berühmten »36 Strategeme«. Die alten Militärklassiker erteilten schon sehr früh den Rat, man solle die aufwieglerischen Minister des Feindes fördern, um ihn zu irritieren, ihm prächtige Hunde und Pferde überlassen, um ihn zu ermüden, und ihm schöne Frauen mit lasziven Stimmen präsentieren, um ihn zu verwirren. Oftmals war in der Geschichte solch ein verdeckter Angriff der letzte Schritt vor einer offenen Auseinandersetzung. Allerdings bedarf diese Art der Kriegsführung viel Geduld und Geschick…

In den wirren Jahren am Ende der Östlichen Han-Dynastie ergab sich für den gefürchteten General Dong Zhuo die glückliche Gelegenheit, in die Machtkämpfe zwischen Hofbeamten, Kaiserinwitwe und Eunuchen am Kaiserhof zu seinem eigenen Vorteil entscheidend eingreifen zu können. Ursprünglich im Dienste anderer zur Hilfe herbeigerufen, setzte er eigenmächtig den letzen Kaiser der Han, Liu Xie, auf den Thron und brachte danach die Kaiserinwitwe und den frisch abgesetzten Kindkaiser um. Dong Zhuo kontrollierte somit allein den Hof. Als sich im Jahre 190 jedoch eine Allianz gegen den despotischen Kanzler Dong Zhou bildete, verlegte er aus Furcht die Hauptstadt wieder zurück nach Chang'an, das bereits zur Zeit der Westlichen Han-Dynastie die Metropole des Reiches gewesen war. Die bisherige Hauptstadt Luoyang hingegen ließ er niederbrennen. So gingen die Kaiserlichen Paläste und die heiligen Ahnentempel in Flammen auf. Bevor er aufbrach, befahl er seinem Adoptivsohn Lü Bu, die Kaiserlichen Gräber plündern zu lassen.

Die zum Himmel schreienden Schandtaten nahmen auch in Chang'an kein Ende, und Dong Zhuos willkürliche Grausamkeiten steigerten sich ins Unerträgliche. Bald ließ er sich in herrschaftlicher Manier Ehrenwerter Vater nennen und nahm kaiserliche Privilegien in Anspruch. Es war nur noch eine Frage der Zeit, bis er auch das Mandat des Himmels an sich reißen würde.

Als der Minister Wang Yun eines Nachts in völliger Verzweiflung darüber durch seinen Garten spazierte und mit tränenfeuchten Augen zum Mond aufschaute, vernahm er ganz in der Nähe ein leises Klagen. Es stammte von der in frühester Jugend bei sich aufgenommenen und inzwischen zum perfekten Singmädchen ausgebildeten Diaochan. Als er sie grimmig anfuhr, ob sie wegen eines jungen Kerls Liebeskummer hätte, warf sie sich zu Boden und erwiderte treuherzig, dass es die Sorgen ihres Herrn seien, die ihr nun schon seit Wochen das Herz schwer machten. Sie würde ohne zu zögern für ihn zehntausend Tode sterben, nur um ihm die Tage ein wenig erträglicher zu machen. In diesem Augenblick hatte Wang Yun den Gedanken, dass die

Rettung der Han wohl just in den zarten Händen dieser Sechzehnjährigen liegen könne. Er führte sie zurück in seine Halle, schickte alle Bediensteten fort und kniete augenblicklich vor ihr nieder. Wang Yun teilte ihr offen seine Sorgen mit und weihte sie zugleich in sein Vorhaben ein, mit ihrer Hilfe zerstörerischen Zwist zwischen dem tyrannischen Dong Zhuo und seinem hitzköpfigen Adoptivsohn Lü Bu zu streuen. Diaochan verstand sofort seine Absicht und schwor ihm fürderhin absolute Geheimhaltung, denn sie beide gingen bei diesem Vorhaben ein tödliches Wagnis ein.

Am nächsten Tag lud Wang Yun unter dem Vorwand, ihm einen prächtigen Helm schenken zu wollen, zunächst Lü Bu zu sich nach Hause ein. Als der Wein ihre Zungen gelöst hatte und Wang Yuns Lobhudeleien Lü Bu in eine prächtige Stimmung versetzt hatten, bat der Gastgeber darum, ihm »seine Tochter« zur Frau geben zu dürfen. Lü Bu verliebte sich auf den ersten Blick in die unbekannte Schönheit, die ihm so zart und scheu Wein nachschenkte, und konnte es gar nicht mehr erwarten, dass man einen Glück verheißenden Tag bestimmen würde, um sie heimführen zu können.

Das gleiche Spiel wiederholte sich ein paar Tage später, als Wang Yun nun auch Dong Zhuo zu sich nach Hause einlud. Wang Yun umschmeichelte geschickt seinen Gastgeber, indem er darlegte, wie seiner Ansicht nach die Zeit der Han ihren Höhepunkt schon längst überschritten und der Himmel sich schon einen neuen Dynastiegründer erwählt hätte. Von Wein und Wort berauscht, präsentierte er seinem Gast als Höhepunkt des Abends sein Singmädchen Diaochan. Ihr Tanz und Gesang brachten Dong Zhuo um den Verstand. Wang Yun ließ Diaochan in einem Wagen zur Residenz des Dong Zhuo bringen und bat seinen trunkenen Gast, sie doch gnädigst als Konkubine aufzunehmen. Da konnte Dong Zhuo nicht länger warten, brach vom Bankett auf und kehrte – von Wang Yun höflich bis zu seinem Anwesen persönlich begleitet – eiligst nach Hause zurück.

Als Wang Yun, äußerst zufrieden mit den jüngsten Entwicklungen, wieder alleine den Rückweg antrat, wurde ihm von zwei Reihen roter Laternen der Weg versperrt. In ihrem Licht erkannte er Lü Bu hoch zu Ross, bewaffnet – wie immer. Aufgebracht wollte dieser wissen, warum Diaochan nun auch seinem Vater versprochen worden wäre. Wang Yun beruhigte Lü Bu sogleich, indem er das »Missverständnis« aufklärte: Sein Vater hätte lediglich für ihn, seinen Sohn, die Braut schon einmal nach Hause geführt, da heute die Sterne besonders glücklich gestanden hätten. Wang Yun hätte ihm dies doch unmöglich verweigern können.

Als Lü Bu jedoch am nächsten Morgen sich im Haus des Vaters nach Diaochan erkundigte, entgegnete man ihm, die beiden seien noch immer nicht aufgestanden. Als er heimlich in die Gemächer des Vaters spähte, sah er, wie Diaochan gerade ihre Haare reizvoll vor dem Spiegel kämmte. Die Schönheit spürte seine Anwesenheit und ließ absichtlich einige herzergreifende Tränen über ihre Wangen kullern. Lü Bu war aufgebracht, jedoch stellte er seinen Vater nicht zur Rede. Ein andermal sah er Diaochan gar auf dem Bett seines Vaters. Dieses Mal zeigte ihm die Schöne direkt ihre tränenvollen Augen und deutete schmerzvoll auf ihr gebrochenes Herz. Als Dong Zhuo, aus dem Schlaf erwachend, bemerkte, wie sein Sohn hinter seinem Rücken mit seiner Konkubine flirtete, verbot er ihm, jemals wieder in seine privaten Gemächer einzudringen. Doch das fachte das Verlangen Lü Bus natürlich nur umso mehr an.

Dong Zhuo entschuldigte sich zwar kurz darauf bei seinem Sohn für sein harsches Benehmen, doch weilten Lü Bus Gedanken von diesem Tage an nur noch bei Diaochan. Als einmal Dong Zhuo vom Kaiser in einer Audienz aufgehalten wurde, eilte Lü Bu bewaffnet – wie immer – zur Residenz seines Vaters und drang mit der Hellebarde in der Hand zu Diaochan vor. Sie bat ihn, auf sie im Phönix Pavillon zu warten. Als sie schließlich durch die Blumen schwebend dort erschien, war sie für jedes sterbliche Auge eine derart unwirklich entrückte Schönheit, dass selbst der strahlende Mond sich beschämt hinter einer Wolke verkroch. Diaochan klagte dem hörigen Lü Bu all ihr Leid und wollte, wenn sie schon in diesem Leben nicht zusammen sein könnten, nicht mehr länger auf das nächste warten! Lü Bu konnte gerade noch ihren Sprung in den Lotosteich verhindern. Je mehr sie unter lautem Seufzen seine Heldenhaftigkeit pries, desto mehr dämmerte es Lü Bu, dass er nun als wahrer Mann gefordert war, dem Leid und der Schmach seiner Geliebten hier und jetzt Abhilfe zu schaffen. Noch wollte er das Undenkbare nicht benennen und bat um eine kurze Frist. Da wurde das eng umschlungene Liebespaar von dem plötzlich heimgekehrten Dong Zhuo im Garten erwischt. Ein fürchterlicher Schrei trieb Lü Bu panikartig in die Flucht. Dong Zhuo schnappte sich dessen abgestellte Hellebarde und nahm sogleich die Verfolgung auf. Lü Bu war flink, Dong Zhuo viel zu dick, um mitzuhalten, vor allem mit der riesigen Hellebarde. Lü Bu schlug sie ihm leicht aus der Hand. Als Dong Zhuo sie erneut aufnahm, war Lü Bu schon längst wieder geflohen.

Das Aufeinandertreffen von Dong Zhuo und Lü Bu war jedoch nur aufgeschoben. Obwohl seine Berater Dong Zhuo dringend ermahnten, nicht wegen einer Frau das Zerwürfnis mit dem starken Sohn zu riskieren, und ihm nahelegten, sie lieber ihm zu überlassen, zögerte der nicht minder liebestrunkene Dong Zhuo. Als er Diaochan schließlich wegen des nächtlichen Vorfalls selbst noch einmal in seinen Gemächern aufsuchte, berichtete Diaochan unter heißen Tränen ihrem »Retter«, dass er sie in jener Nacht vor dem Schlimmsten bewahrt hätte. Lü Bu hätte sie unter Androhung roher Gewalt in den Garten gezwungen. Ihren Freitod im Gartenteich brutal verhindernd, hätte er sich, wenn Dong Zhuo nicht rechtzeitig gekommen wäre, ohne Zweifel an ihr vergangen!

Diaochan brachte mit ihrer betörenden Schönheit zwei Männer um den Verstand.

珍滅國賊不辱主命漢世簪纓不及婦人貂蟬

Als Dong Zhuo sich kurz darauf in sein gewaltiges Landhaus zurückzog und vor aller Augen Diaochan mit sich führte, brauchte Wang Yun nur noch einmal – ganz überrascht über dieses schändliche Verhalten, das er sich nie hätte träumen lassen – den Sohn Lü Bu daran zu erinnern, dass ihn schließlich der eigene Vater Dong Zhuo ohne mit der Wimpern zu zucken beinahe mit der Hellebarde niedergestreckt hätte. Lü Bu hielt nun nichts mehr auf. Geschickt wurde ein geheimer Plan entworfen und Dong Zhuo mit der kaiserlichen Ankündigung, den Thron zu seinen Gunsten abzutreten, wieder nach Chang'an gelockt, wo eine unentrinnbare Falle auf ihn wartete. Lü Bu selbst versetzte ihm den tödlichen Stoß.

Diaochan begleitete fortan in der »Geschichte der Drei Reiche« von Luo Guanzhong (14. Jahrhundert) Lü Bu auf seinen weiteren Feldzügen, bis er Cao Cao unterlag. Danach wird sie nicht weiter erwähnt, und ihr Verbleib stellt die Nachwelt vor viele Fragen. Es gibt unter anderem Erzählungen, die behaupten, sie wurde nach dem Tod Lü Bus dem legendären General Guan Yu als Kriegsbeute angeboten. Dieser hätte sie jedoch, die Unheil bringende Schönheit in ihr erkennend, eigenhändig niedergestreckt, um erneutes Unglück zu verhindern.

Im Jahre 1971 wurde angeblich in der Nähe von Chengdu beim Eisenbahnbau ein prachtvolles Grab ausgegraben. Gemäß den gefundenen Inschriften handelte es sich dabei um das Grab von Diaochan oder deren ältester Tochter. Leider konnten die Inschriften nicht bewahrt werden, sodass sich deren Echtheit heute nicht mehr überprüfen lässt. Es gibt darüber hinaus noch zwei weitere Orte, welche beanspruchen, die letzte Bleibe Diaochans gewesen sein zu sein. Diese Behauptungen unterstreichen aber auch nur die Sehnsucht der Menschen, endlich einen stichhaltigen Beweis dafür zu finden, dass Diaochan, eine der Vier Schönheiten Chinas, mehr als nur eine unsterbliche Figur eines Literaten aus dem 14. Jahrhundert war.

YANG GUIFEI
»... die Blumen verwelkten freiwillig«, 719–756

Für eine Schönheit, in deren Anwesenheit selbst Blumen vor Scham ihre Köpfe hängen ließen, war im alten China nichts unmöglich. Als Xuanzongs Lieblingskonkubine Wu Huifei verstarb, war Yang Yuhuan bereits Nebenfrau im Haushalt seines Sohnes. Da Xuanzong aber keine andere Frau über seinen Verlust hinwegtrösten konnte, arrangierte man, dass die Konkubine Yang öffentlich darum bat, als Nebenfrau seines Sohnes entlassen zu werden. Selbstverständlich wurde ihrem Wunsch entsprochen, und so trat sie als Nonne Taizhen in ein daoistisches Kloster ein. Als der Kaiser für seinen Sohn eine neue Frau gefunden hatte, konnte Yang mit neuer Identität und einem gewissen zeitlichen Abstand unter der Wahrung der guten Sitten in den Harem des Vaters aufgenommen werden.

Schon nach kurzer Zeit erfreute sie sich dauerhaft der Gunst des Kaisers und ließ ihn seine ehemalige Lieblingskonkubine vergessen. Später erinnerte man sich noch oft an ihr blendendes Auftreten: Wenn sie sich umblickte und einmal lächelte, verliebten sich Hunderte von Herzen, und all die Schönheiten der Sechs Paläste ergrauten in Bedeutungslosigkeit ...

Yang Guifei hatte eine modisch üppige Figur, war eine ausgezeichnete Sängerin und Tänzerin und zeichnete sich darüber hinaus durch einen hellwachen Verstand aus. Es dauerte nicht lange, da nannte man sie im Palast des alternden Kaisers nur noch die »junge Herrin«. Sie wurde mit Aufmerksamkeiten bedacht, die eigentlich nur Kaiserinnen zustanden. Schließlich erhob man sie in den Rang einer Guifei – Kostbare

Porträt der kaiserlichen Konkubine Yang Guifei nach dem Bade, der niedere Rang der beiden Dienerinnen drückt sich durch die kleine Darstellung der Figuren aus; Tusche und Farben auf Seide, Ende der Ming-Dynastie, Privatsammlung.

Konkubine –; mit diesem Titel ist sie auch in die Geschichte eingegangen.

Kaum war sie sich der Gunst des Kaisers sicher, gelang es ihr, nicht nur drei ihrer hübschen Schwestern adeln zu lassen, sondern auch ihren älteren Cousin, Yang Guozhong, am Hof unterzubringen. Der Einfluss ihres Clans nahm damit unvorstellbare Ausmaße an. Diverse administrative Gefälligkeiten ließ man sich gerne teuer bezahlen, so dass sich Leute aus allen Himmelsrichtungen mit ihren Anliegen an sie wandten und sich vor den Eingangstüren ihrer Residenzen Szenen wie auf dem Marktplatz abspielten. Der halbherzige Versuch, den Kaiser von seiner staatsvernichtenden Schönheit zu trennen, blieben erfolglos. Kaiser Xuanzong war ihr verfallen und alle im Reich stellten sich darauf ein, das Paar bei guter Laune zu halten. Die allgegenwärtigen Vorboten der Katastrophe wurden konsequent ignoriert. Da Yang Guifei eine ausgesprochene Vorliebe für Litschis hatte, ließ man sogar die allerbesten Früchte tief aus dem Süden des Reiches per Eilboten in die Hauptstadt liefern. Sie sollen so frisch gewesen sein, dass sie bei ihrer Ankunft noch der Mor-

Kaiser Xuanzong (685–762) sieht seiner Konkubine Yang Guifei beim Besteigen eines Pferdes zu.

gentau des Erntetags benetzte. Wahrlich, wer im Volk hätte sich träumen lassen, dass der staubbedeckte atemlose Reiter, welcher der Konkubine ein gnädiges Lächeln entlockte, nur einen Obstkorb im Gepäck hatte!

Xuanzong (685–762), der vielleicht bedeutendste Kaiser der Tang-Dynastie, der einst das Reich entschlossen zu einer erneuten Blüte geführt hatte, verursachte nun durch seine nachlässige Amtsführung und seine Ausschweifungen beinahe auch seinen Untergang. Sein Günstling An Lushan, ein fremdländischer Militärführer im Dienste der Tang, genoss viel zu lange sein unbedingtes Vertrauen. Keine Stimme der Vernunft konnte Xuanzong eines Besseren belehren, selbst das auffällig ungezwungene Verhältnis von Yang Guifei und An Lushan, der gut dreihundert Pfund auf die Waage brachte, beunruhigte ihn nicht. Sogar als die

Als die letzte Verteidigungslinie der kaiserlichen Truppen am Tong Pass gefallen war, musste die kaiserliche Familie fluchtartig ihren Palast verlassen. Der Kaiser selbst floh mit wenigen Getreuen, seinem Lieblingseunuchen und Yang Guifei Richtung Sichuan. Doch die Leibgarde rebellierte und forderte die Hinrichtung Yang Guifeis, die in den Augen der Soldaten das Reich in den Untergang getrieben hatte. Er musste die Liebe seines Lebens aufgeben. Im Alter von achtunddreißig Jahren erhängte man Yang Guifei vor den Toren einer buddhistischen Klause in Mawei.

Rebellen bereits im Anmarsch auf die Hauptstadt waren, wollte Xuanzong An Lushan immer noch eine Prinzessin zur Frau geben.

Als schließlich die letzte Verteidigungslinie der kaiserlichen Truppen am Tong Pass gefallen war und die Rebellion des An Lushan als unleugbare Tatsache vor den Toren Chang'ans stand, musste die kaiserliche Familie überstürzt ihren Palast verlassen. Der Kaiser selbst floh mit wenigen Getreuen, seinem Lieblingseunuchen und Yang Guifei Richtung Sichuan. Als die Flüchtlinge an der Poststation Mawei rasteten, rebellierte die Leibgarde und weigerte sich weiterzumarschieren. Zunächst forderten die Soldaten die Hinrichtung von Yang Guozhong, der das Reich in den Untergang getrieben hatte. Doch selbst als ihrer Forderung entsprochen wurde, waren die Gemüter noch nicht beruhigt. Man ließ den umzingelten Kaiser wissen, dass die Wurzel allen Unglücks immer noch unter ihnen weilte. Der Kaiser hatte verstanden. Er musste die Liebe seines Lebens aufgeben. Im Alter von achtunddreißig Jahren erhängte man Yang Guifei vor den Toren einer buddhistischen Klause in Mawei. Xuanzong selbst kehrte zwar aus Sichuan noch einmal nach Chang'an zurück, doch hatte er bereits zuvor als gescheiterter Herrscher abdanken müssen. Seine Bitte, Yang Guifei nachträglich bestatten zu lassen, wurde abgelehnt. Eine heimliche Gesandtschaft konnte nur noch ihren Duftbeutel bergen. Als man ihm diesen präsentierte, brach Xuanzong zusammen. Er ordnete an, ein Porträt von Yang Guifei anzufertigen, welches er in seiner Residenz fortan Tag und Nacht anblickte.

Der große Tang-Dichter Bo Juyi (772–846) hat das Drama des berühmten Kaisers Xuanzong und seiner Yang Guifei aus der zeitlichen und poetischen Distanz im »Lied der ewigen Reue« festgehalten. Im letzen Vers heißt es:

*Himmel und Erde werden
trotz ihrer langen Lebenspanne
eines Tages vergehen,
des Kaisers Reue wird jedoch
niemals abreißen!*

Interessanterweise schickt in dem Gedicht der trauernde Kaiser einen Daoisten auf die Suche nach Yang Guifei, der sie auch tatsächlich, nachdem er Himmel und Hölle durchkämmt hat, auf der Insel der Unsterblichen inmitten des Meeres antrifft.

Da Yang Guifeis Leiche nie identifiziert werden konnte, hielt sich ebenso hartnäckig das Gerücht, sie wäre heimlich über das Meer nach Japan entkommen, wo sie ihren Lebensabend allein verbracht haben soll. Sollte also das Grab der Yang Guifei tatsächlich auf der Mukatsuku Halbinsel in der Präfektur Yamaguchi in Japan liegen?

名
KURTISANEN
妓

Die in den städtischen Vergnügungsvierteln umworbenen Kurtisanen setzten durch ihre exzellente musikalische und dichterische Ausbildung den Maßstab für feinsinnige Vergnügungskunst bis zum Ende der Kaiserzeit. Das Kapitel der Kurtisanen stellt mit Su Xiaoxiao, Yu Xuanji und Chen Yuanyuan drei gefeierte Frauen aus unterschiedlichen Epochen vor.

SU XIAOXIAO
Singmädchen der Qi-Dynastie, 5. Jahrhundert

Su Xiaoxiao war ein berühmtes Singmädchen aus Qiantang zur Zeit der Südlichen Qi-Dynastie (479–502). Ihr Aussehen stellte das aller anderen Mädchen in den Schatten, und ihr Talent brachte die Gelehrten in Verlegenheit. Es gab damals niemanden, der nicht ihre Schönheit gepriesen hätte. Su Xiaoxiao verstarb sehr früh und wurde bei der Xiling-Brücke am Westsee in Hangzhou begraben. Da ihre Seele aber nicht verging, erschien sie immer wieder den Gelehrten im Traum und wurde so zur unsterblichen Legende, deren Ruhm sich – als eines der größten Singmädchen aller Zeiten – in zahlreichen Gedichten, Erzählungen und Theaterstücken von Jahrhundert zu Jahrhundert fortschrieb.

In der Tang-Zeit war sie in der Vorstellung der Dichter so präsent, dass manche sie gar für eine Zeitgenossin hielten. In der Song-Zeit erschien sie dem Prüfling Sima You in einem Traum und stellte sich ihm als die Su Xiaoxiao von Xiling vor. Nachdem er die Prüfung erfolgreich abgelegt hatte, riet ihm ein Freund, ihr ein Dankesopfer darzubringen. Sima You brach nach Hangzhou auf und besuchte ihr Grab. In jener Nacht erschien sie wieder, und sie heirateten im Schlaf. Noch dreimal erschien sie ihm im Traum. Schließlich starb Sima You auch in Hangzhou und wurde neben Su Xiaoxiaos Grab beigesetzt.

Ihr Grab, nach der Zerstörung in der Kulturrevolution erneut aufgebaut, war über Jahrhunderte ein besonderer Ort der Erinnerung. Einst stand darauf die Zeile: »Am Ufer des Sees wandelt der Gast«; heute zieren es zwölf Inschriften berühmter Kalligrafen. Su Xiaoxiao selbst wird nur ein einziges kurzes Lied zugeschrieben, in dem aber ihre klare Stimme mutig das eigene Leben in die Hand nimmt:

Ich besteige meinen verzierten Wagen.
Ihr schwingt euch auf euer schwarzes Ross.
Wo schließen wir das Band unserer Herzen?
Unter Xilings Kiefern und Zypressen.

Das Grab Su Xiaoxiaos wurde nach der Zerstörung während der Kulturrevolution erneut aufgebaut und war über Jahrhunderte ein besonderer Ort der Erinnerung.

Darstellung der Vier Schönheiten, Su Xiaoxiao ist die zweite Frau von links.

YU XUANJI
Dichterin der Tang-Dynastie, 844–868?

Yu Xuanji war eine der bekanntesten Dichterinnen der Tang-Dynastie. Ihr kurzes dramatisches Leben, um das sich viele Legenden ranken, inspirierte die Menschen in Ost und West, die ihr zahlreiche Erzählungen, Theaterstücke und sogar Filme widmeten.

Ersten Ruhm erlangte sie als hochtalentierte Kurtisane des hauptstädtischen Vergnügungsdistrikts. Sie war eine meisterhafte Dichterin, die trotz der strengen Regeln dieses Genres nach Belieben mit der Sprache zu spielen verstand. Ihre Verse lassen noch heute ihren verführerischen Charme erahnen, wenn sie, raffiniert den Reim eines Gedichts ihres Nachbarn nachahmend, diesem eine zuckersüße Antwort zukommen lässt, um ihm ein wenig Wein abzuschwatzen, oder wenn sie ihren männlichen Gästen zuflüstert, dass sie eigentlich für die Gemächer des Kaisers geschaffen sei, sie also besser nicht zu lange zögern sollten. Man ahnt, dass ihre wilden Jahre wie im Flug vergangen sein müssen, eine einzige Karussellfahrt im Wechsel von Rausch und Schlaf.

Sehnsuchtsvoll rufen Yu Xuanjis Zeilen die Einsamkeit der Mondnächte herbei, in welchen sie sanft betrunken inmitten ihrer Bücher auf dem Bett liegt oder sich bedächtig die Haare kämmt. Als umworbene Schönheit – und Feindin aller Hässlichen – war sie sich ihrer Wirkung bewusst. Vielleicht schickte sie auch deswegen einer Nachbarin einmal die klare Botschaft, dass sie es wirklich nicht auf den gut aussehenden Nachbarn abgesehen hätte. Sie habe höhere Ziele. Ein preisloser Schatz sei einfach zu erobern, einen Mann mit Herz hingegen fände man viel zu selten.

Es traf sie daher wohl auch besonders schwer, als ihr Mann Li Yu, der sie aus dem Vergnügungsviertel zunächst als Konkubine zu sich geholt hatte, sich bald schon wieder von ihr distanzierte und sie schließlich auf Betreiben seiner eifersüchtigen Ehefrau gänzlich aus seinem Haushalt verstieß. Sie ließ ihn unverblümt wissen, dass sie keineswegs gedachte, sich nun einsam zu betrinken und ihm nachzutrauern.

Nach der Trennung legte sie die daoistischen Gelübde ab und wurde Nonne. Auch nachdem sie in das Kloster eingetreten war, empfing sie wieder ihre alten Gäste. Sie stand in engem Kontakt mit den literarischen Größen ihrer Zeit, unter anderem sagte man ihr eine Romanze mit dem Dichter Wen Tingyun (812–870?) nach.

Als selbstbewusste Frau maß Yu Xuanji wohl schon früh in ihrem Leben die Grenzen des ihr zugestandenen Raumes aus. Sie beklagte immer wieder bitterlich, dass – als Frau – ihr Talent dazu verdammt war, unter ihren hübschen Kleidern zu verwelken. Mit Tränen blickte sie wehmütig zur Liste der erfolgreichen Kandidaten der kaiserlichen Examen auf und ließ es wohl auch manch einen Gast spüren, dass sie den männlichen Literatenbeamten in keiner Weise nachstand.

Im Alter von nur vierundzwanzig Jahren wurde Yu Xuanj hingerichtet, weil sie angeblich eine ihrer Bediensteten zu Tode geprügelt hatte. Schon kurz nach ihrem Tod wurden die Details dieses Skandals in der Erzählung des Huangfu Mei publikumsgerecht ausgeplaudert:

In Yu Xuanjis klösterlichem Haushalt gab es ein Dienstmädchen namens Lüqiao, das ebenfalls äußerst gescheit und bezaubernd war. Als ihre Meisterin eines Abends zu den Nachbarn eingeladen wurde, trug sie Lüqiao auf, nicht das Haus zu verlassen und, falls einer ihrer Stammgäste käme, nur zu sagen, sie sei außer Haus. Als Yu Xuanji am nächsten Morgen zurückkehrte, berichtete Lüqiao, dass ein alter Gast gekommen war. Da er sie aber nicht angetroffen habe, sei er auf der Stelle umgekehrt. Yu Xuanji argwöhnte, dass sich ihr Dienstmädchen mit ihm eingelassen hätte, und verhörte sie daher noch einmal gestreng am folgenden Abend. Das Mädchen beteuerte jedoch seine Unschuld und wich nicht von seinem Bericht ab. Yu Xuanji aber glaubte ihm kein Wort und bestrafte es mit über hundert Stockhieben. Die Dienerin starb noch an Ort und Stelle. Yu Xuanji verscharrte ihre Leiche in heller Panik im Hof. Immer wenn jemand fragte, wo Lüqiao geblieben sei, gab sie an, sie sei nach dem Frühlingsregen davongelaufen. Als eines Nachts Yu Xuanji wieder ein Bankett bei sich ausrichtete, betrat einer ihrer Gäste den Hinterhof und wunderte sich über die vielen grünen Fliegen, die sich aufgeregt summend immer wieder auf dem Boden niederließen. Als er sich die Stelle näher ansah, da meinte er, Blutspuren zu entdecken, und auf einmal lag auch ein seltsamer Geruch in der Luft. Heimlich erzählte er es seinem Diener, der erzählte es seinem Bruder von der Wache im Viertel. Dieser ließ die Sache nicht auf sich beruhen, er ging zum Klosterwächter und fragte, ob er Lüqiao das Kloster verlassen gesehen habe, was jener überrascht verneinte. Da riefen sie mehrere Wachen herbei, stürmten Yu Xuanjis Quartier und entdeckten die Leiche der Lüqiao, die immer noch seltsam lebendig aussah. Yu Xuanji wurde sofort verhaftet, angeklagt und – obwohl sich zahlreiche hohe Hofbeamte für sie aussprachen – im Herbst hingerichtet.

CHEN YUANYUAN
Singmädchen am Ende der Ming-Dynastie, 1623–1695?

War es letztlich gar die schöne Chen Yuanyuan, die den General Wu Sangui dazu bewegte, sich lieber den Mandschuren anzuschließen, als mit den Rebellen in der Hauptstadt zusammenzuarbeiten? Als im Jahre 1644 die Rebellen unter Li Zicheng die Hauptstadt der Ming erstürmten, erhängte sich Kaiser Chongzhen auf dem Jinshan. Die Ming waren verloren. Allerdings konnten die Rebellen ihren Sieg nur kurze Zeit genießen. Als es ihnen nicht gelang, Wu Sangui auf ihre Seite zu ziehen, zogen sie gegen den Grenzgeneral aus. Wu Sangui verbündete sich mit den Qing, und gemeinsam besiegten sie die Rebellen und vertrieben sie wieder aus Peking. Die Herrschaft der Qing begann. Auch wenn die Ming-Résistance noch Jahrzehnte im Süden des Reiches weiterkämpfte – und auch er selbst sich am Ende seines Lebens von den Qing abkehren sollte –, wurde Wu Sangui in der Erinnerung zum Hochverräter der Han-Chinesen.

Die wahren Gründe für seine Zusammenarbeit mit den Qing sollen vielschichtig gewesen sein, sehr bald fanden sich aber Stimmen im Volk, welche Chen Yuanyuan, eine der sogenannten Acht Schönheiten von Jinling, in den Mittelpunkt der Ereignisse stellten.

Chen Yuanyuan stammte aus Wujin in Jiangsu. Usprünglich hieß sie wohl Xing Yuan, ihre Eltern waren jedoch so arm, dass sie ihre Tochter an einen gewissen Chen Huolang verkauften. Als dieser verstarb, wurde sie in Suzhou zur Kurtisane. Während der Norden des Reiches bereits unter Bauernaufständen und den Überfällen der Mandschuren litt, blühte das kulturelle Leben in Suzhou noch. Chen Yuanyuan wurde zu einer der berühmtesten Sängerinnen ihrer Zeit. In den lokalen Opernaufführungen rührten ihre hinreißenden Darbietungen die Herzen der Zuschauer. So verwundert es nicht, dass der durch seine Willkür und Grausamkeit verrufene Tian Hongyu, Vater der kaiserlichen Konkubine Tian, ihre Entführung plante. Chen Yuanyuan aber entkam ihren Häschern. Doch nun zögerte ihr Geliebter, sie zur Konkubine zu nehmen, und so wurde sie zwei Jahre später vom Schwiegersohn des Tian Hongyu für eine große Summe gekauft. Einem ihrer Bewunderer gelang es zwar, sie mithilfe einer Gruppe junger Männer wieder zu befreien, doch fürchtete einer der Väter dieser Männer die Rache des Tian Hongyu und gab Chen Yuanyuan ihren neuen Herren zurück. So endete Chen Yuanyuan schließlich doch als singende Kurtisane der Tian-Familie in Peking.

Im Jahre 1643 präsentierte Tian Honyu sie bei einem Fest dem General Wu Sangui, der sich auf der Stelle in sie verliebte. In der Folge kaufte Wu Sanguis Vater Chen Yuanyuan für seinen Sohn. Als die Rebellen Peking einnahmen und Wu Sangui nicht rechtzeitig in die Hauptstadt kommen konnte, unterwarfen sich nach dem Selbstmord des Kaisers viele der einstigen Hofbeamten den Rebellen, darunter Wu Sanguis Vater. Er wurde verhaftet und nach dem Aufenthaltsort der legendären Chen Yuanyuan befragt. Manche behaupteten, ihr sei zuvor – als Bettlerin verkleidet – die Flucht gelungen, manche hielten dagegen, sie sei selbst in die Hände der Rebellen gefallen.

Die schöne Chen Yuanyuan war eine der berühmtesten Sängerinnen ihrer Zeit. In den lokalen Opernaufführungen rührten ihre hinreißenden Darbietungen die Herzen der Zuschauer.

Als Wu Sangui von diesen Ereignissen erfuhr, stieg ihm die Zornesröte ins Gesicht, und sämtliche Pläne, das Angebot des Li Zicheng und der Rebellentruppen für ein Bündnis anzunehmen, waren vom Tisch. So nahm die Geschichte ihren Lauf.

Wu Sangui traf bei seiner Verfolgung von Li Zicheng erneut mit Chen Yuanyuan zusammen. Wieder vereint, begleitete sie ihn, als er nach der Niederschlagung zahlreicher Rebellen seinen Posten in Yunnan antrat. Das Leben an seiner Seite war allerdings nicht einfach, nicht zuletzt wegen seiner äußerst eifersüchtigen Frau. Gegen Ende ihres Lebens wünschte Chen Yuanyuan sehnsüchtig, Nonne zu werden. Als nach der Rebellion ihres Mannes schließlich Yunnan von den Qing eingenommen wurde, soll sie sich das Leben genommen haben.

才

KÜNSTLERINNEN & GELEHRTE

女

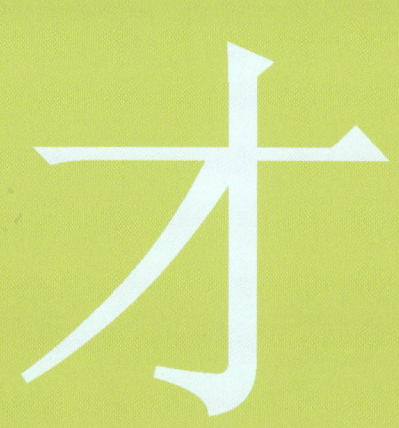

Den Anfang der Künstlerinnen und Gelehrten macht die vielleicht berühmteste Dichterin Chinas, Li Qingzhao, mit ihren sehr persönlichen Gedichten. Die große Dame der Malerei, Guang Daosheng, erschütterte mit ihrer Bambusmalerei das Selbstverständnis ihrer männlichen Kollegen, während die Dramatikerin Wang Yun eine neue Art der Beziehung zwischen Mann und Frau forderte. Die Leistungen der Gelehrten Wang Zhenyi auf dem Feld der Astronomie belegen schließlich eindrücklich das bisher stets unterdrückte Potenzial der Frauen auf dem Gebiet der Wissenschaften.

LI QINGZHAO
Bekannteste Dichterin Chinas, 1084–1151?

Li Qingzhao ist wohl die bekannteste Dichterin Chinas. Geboren in Licheng (Shandong), dem heutigen Jinan, erhielt sie als eine der wenigen Frauen eine klassische Ausbildung in den kanonischen Schriften. Ihr dichterisches Talent sicherte ihr schon in jungen Jahren einen Namen unter den Literaten der damaligen Zeit. Aus gutem Hause stammend, heiratete sie schließlich Zhao Mingcheng, den Sohn eines hohen Ministers. Ihr Mann war ein passionierter Kunstsammler und Antiquar, dessen besonderes Interesse alten Inschriften galt. Li Qingzhao ließ sich von seiner Begeisterung anstecken, widmete sich ebenfalls dem Studium des Altertums und arbeitete gemeinsam mit Zhao Mingcheng an einer beeindruckenden dreißigbändigen Sammlung von Bronze- und Steinobjekten, den »Aufzeichnungen von Metall und Stein«, die auch heute noch eine wertvolle Quelle der Archäologie darstellt. Ihrer beider Leidenschaft für seltene Bücher und Bilder verschlang das gesamte Vermögen, und so verbrachten sie ihr Leben bescheiden, aber glücklich. Li Qingzhao erinnerte sich später gerne daran, wie ihr Mann sich stets am 1. und 15. des Monats freinahm, seine Kleider versetzte, zum Xiangguo-Kloster ging und beladen mit Steinabreibungen und Obst nach Hause kam. Gemeinsam taten sie sich an den Früchten gütlich, während sie einander gegenübersitzend die neuen Schätze bestaunten. Eines Tages wurde ihnen ein seltenes Werk des Malers Xu Xi (886–975) für die unglaubliche Summe von 200000 Käsch angeboten, ein Preis, dessen Hälfte selbst einen Adelsmann schon vor Probleme gestellt hätte. Zu treuen Händen durften sie das Päonien-Bild über Nacht bei sich behalten. Bis zum Morgengrauen zerbrachen sie sich den Kopf und mussten doch das Bild am nächsten Tag zurückgeben. Beide waren sie mehrere Tage darüber sehr betrübt.

Li Qingzhao hatte wie ihr Mann ein ausgezeichnetes Gedächtnis. Nach dem Essen saßen sie oft gemeinsam in der Halle »Zur Rückkehr« zum Tee. Einer von ihnen erwähnte dann ein Werk ihrer Sammlung, und wer sagen konnte, was in welchem Band auf welcher Seite und in welcher Zeile behandelt wurde, durfte als Erster trinken. Zumeist hob der Sieger aber seine Tasse und musste dabei so stark lachen, dass er seinen Tee verschüttete, sich neuen holen musste und so doch nicht als Erster trinken konnte.

Ihr Glück wurde im Jahre 1126 jäh durch den Verlust der Hauptstadt Kaifeng an die Dschurdschen zerstört. Die Stadt markierte den Übergang von der Nördlichen zur Südlichen Song-Dynastie, und die anhaltenden Kämpfe zwangen sie notgedrungen zur Flucht in den Süden. Ihre große Sammlung konnten sie in den Wirren nicht retten. Mehrmals sortierten sie die wichtigsten Schätze aus und traten den Weg immer noch mit fünfzehn Wagenladungen an. Den Rest lagerten sie ein und hofften darauf, ihn später mit Schiffen nachzuholen. Jedoch wurde ihre Residenz von den Dschurdschen in Brand gesteckt und somit der Großteil ihrer Sammlung in Asche verwandelt.

Auf kaiserliche Order musste Zhao Mingcheng seine Familie auf dem Boot im Süden zurücklassen und über die Landroute zu seinem neuen Posten eilen.

Li Qingzhao erhielt als eine der wenigen Frauen ihrer Zeit eine klassische Ausbildung in den kanonischen Schriften. Ihr dichterisches Talent sicherte ihr schon in jungen Jahren einen Namen unter den Literaten der damaligen Zeit.

Li Qingzhao prägte sich dieser plötzliche Abschied für immer ein: Ihr Mann trug ein Gewand aus Hanf und ein Tuch um seinen Kopf. Er war voller Esprit und glich einem Tiger, der mit strahlenden Augen die Leute musterte. Als er ein letztes Mal zu ihr herüberblickte, ergriff sie ein ungutes Gefühl, und sie fragte ihn, was sie tun solle, wenn sie von Unruhen in der Stadt erführe. Er antworte ihr: »Folge der Masse! Wenn du keine andere Wahl hast, so lasse zuerst das schwere Gepäck, dann die Kleider, dann die Bücher und Bildrollen und dann die alten Sakralgefäße zurück. Allein die Familiengefäße kannst du selbst schultern, sie sollen mit dir bestehen oder untergehen, vergiss das nicht!«

Mit diesen Worten galoppierte Zhao Mingcheng auf seinem Pferd davon. Während der Reise erkrankte er an Sumpffieber und erreichte gerade noch seinen neuen Amtssitz. Als Li Qingzhao von seinem Zustand erfuhr, brach sie sofort zu ihm auf und legte an einem Tag 300 Meilen zurück. Als sie zu ihm kam, lag er bereits in starkem Fieber danieder. Sie brachte es trotz seines Zustands nicht über das Herz, ihn nach seinen letzten Verfügungen zu fragen. Als er zum Pinsel griff, um ein Gedicht niederzuschreiben, brach seine Schrift plötzlich ab, und er verschied. Für Li Qingzhao brach die Welt zusammen. Von diesem Verlust sollte sie sich nie wieder erholen. Ihre Sammlung wurde ihr auf der fortwährenden Flucht von falschen Freunden, korrupten Beamten und widrigen Umständen bis auf einen lächerlichen Rest genommen, den sie weiterhin mit großer Sorgfalt hütete.

Nach Zhao Mingchengs Tod veröffentlichte sie das gemeinsame Werk, und in einem sehr persönlichen Nachwort schildert sie mit bewegenden Worten ihr gemeinsames Leben. Auch in ihrem dichterischen Werk ist die Erinnerung an ihn in jeder Zeile unauslöschlich geblieben:

Der Mensch, jetzt einsam trauernd
Der Mond noch rund wie einst
Der Vorhang aus Eisvogelfedern schon längst gefallen
Und schon wieder halte ich die verwelkten Blüten zwischen meinen Fingern
Und schon wieder lasse ich nicht vom Duft meiner Erinnerung los
Und schon wieder komme ich zu diesen wenigen Augenblicken zurück.

GUAN DAOSHENG
Die große Dame der chinesischen Malerei, 1262–1319

Bambus ist seit jeher ein zentrales Motiv der Literatenmaler. Bambus kann sich biegen, ohne zu brechen, ist auch in der Kälte des Winters noch grün und hat ein »leeres Herz« – sämtlich Eigenschaften, die auch die Gelehrten anstrebten. Unvergessen ist die Anekdote über Wang Huizhi, den Sohn des berühmten Kalligrafen Wang Xizhi, der einst bei einem Bekannten zu Gast war. Als er bemerkte, dass es dort keinen Bambus gab, ordnete er sofort an, diesen zu pflanzen. Auf die Frage, warum er sich all die Mühe mache, wenn er doch nur ein paar Tage dort verweilte, stimmte er ein Lied an und wies auf den Bambus mit den Worten: »Wie könnte ich nur einen einzigen Tag diesen Edlen Herrn missen?!«

Dem Bambus wird allgemein das Männliche zugeordnet, daher ist es bemerkenswert, dass man den Ursprung der Bambus-Tuschmalerei gerne einer gewissen Madame Li (10. Jahrhundert) aus Shu zuschrieb. Als Shu von den späteren Tang eingenommen wurde, soll sie alle Freude am Leben verloren haben. In einer trostlosen Vollmondnacht sah sie zufällig, wie Bambusschatten auf ihrem Papierfenster tanzten. Da griff sie zum Pinsel und zeichnete das Schattenspiel nach. Als sie ihr Werk am nächsten Tag betrachtete, wirkte der Bambus immer noch so lebendig wie in der Nacht.

Guan Daosheng gilt gemeinhin als die große Dame der chinesischen Malerei, die zahlreiche spätere Künstlergenerationen beeinflusste. Sie stammte aus einer angesehenen Familie, deren Geschichte sich über Jahrhunderte zurückverfolgen ließ. Geboren wurde sie in den letzten Jahren der Südlichen Song-Dynastie und heiratete im späten Alter von siebenundzwanzig Jahren, bereits unter der neuen Herrschaft der mongolischen Yuan-Dynastie, den bekannten Maler Zhao Mengfu (1254–1322). Ihm folgte sie auch in die Hauptstadt im Norden und wirkte dort über zwanzig Jahre als Künstlerin an seiner Seite. Gemeinsam mit ihrem Mann war sie eine eifrige Schülerin des berühmten buddhistischen Meisters Zhongfeng Mingben (1263 bis 1323). Sie lebte im Kreise vieler buddhistischer Mönche und Nonnen und machte sich auch durch ihre Wandmalereien in Tempeln einen bleibenden Namen.

Guan Daosheng beherrschte Poesie, Kalligrafie und Malerei gleichermaßen. Sie war damit eine vollkommene Künstlerin, deren buddhistische Figuren, Landschaften, Bambus-, Orchis- und Pflaumenblütenmalerei weithin bekannt waren. Sie durfte sogar für den Kaiser Renzong (r. 1312–1321) eine Abschrift des »Tausend-Zeichen-Klassikers« anfertigen. Mit ihrem Sohn Zhao Yong und ihrem Mann galten sie als herausragende Künstlerfamilie, die stellvertretend für ein ganzes Zeitalter steht. Spätere Theoretiker konnten sich gerade an Guan Daoshengs herausragenden Bambusbildern gar nicht sattsehen. Sie lobten die Lebendigkeit ihres Pinselstrichs, der so schlicht, frei und kräftig war. Man konnte beinahe die leichte Brise erahnen, die nach einem Regenguss durch den Bambus strich. Guan Daosheng zog sich nicht auf die sicheren Pfade des traditionellen Frauenstils zurück, wie man ihn von den Werken der gebildeten Kurtisanen kannte. Nichts an ihren Bildern wies darauf hin, dass sie aus der Hand einer Frau stammten. Ihre Tuschspuren erinnerten vielmehr an den entfesselten Schwerttanz der legendären Tänzerin Gongsun (ca. 8. Jahrhundert).

Ein Jahr nachdem ihr der Ehrentitel »Madame des Königreichs Wei« verliehen wurde, erkrankte sie schwer und bat darum, in ihre Heimat Wuxing in der Provinz Zhejiang zurückkehren zu dürfen. Sie verstarb noch auf ihrem Boot im Alter von siebenundfünfzig Jahren. Ihr Mann Zhao Mengfu war so erschüttert von ihrem Tod, dass sein Sohn die Trauerangelegenheiten regeln musste. Zhao Mengfu kehrte auch nach ihrer Beerdigung nicht mehr in den Norden zurück und starb drei Jahre später.

Manche Bewunderer Guan Daoshengs gingen sogar so weit, ihr die Erfindung der roten Bambusmalerei zuzuschreiben. Sie wähnen in der Wahl der roten Tusche das Streben nach einer – offensichtlich stets vermissten – femininen Note.

Sicher kann man sein, dass Guan Daosheng sich ihrer Rolle sehr bewusst war, so liest man auf einer ihrer Bambusrollen:

Sich mit Pinsel und Tusche zu vergnügen ist wohl nur etwas, was Männer können – und dennoch habe ich nun dieses Bild geschaffen. Habe ich jetzt gar die Grenzen des Anstands überschritten? Wie schandbar! Wie schandbar!

Guan Daosheng beherrschte Poesie, Kalligrafie und Malerei gleichermaßen. Sie war damit eine vollkommene Künstlerin, deren buddhistische Figuren, Landschaften, Bambus-, Orchis- und Pflaumenblütenmalerei weithin bekannt waren.

WANG ZHENYI
Astronomin, 1768–1797

»Wer sagt, Töchter könnten keine Heldinnen sein?« – Die berühmte Gelehrte Wang Zhenyi forderte immer wieder in ihren Werken die Gleichbehandlung von Männern und Frauen. Mann und Frau seien schließlich beides Menschen, hätten gleichermaßen an der himmlischen Natur Anteil und damit auch gleiches Recht auf Bildung. Sie sah nicht ein, warum Frauen nur für die Darreichung von Essen und Trinken sowie Näharbeiten bestimmt sein sollten. Wang Zhenyi war indes keine dieser Damen, die morgens lernten, den Pinsel zu halten, und abends sich bereits als geniale Künstlerin feiern ließen. Wenn Wang Zhenyi von Bildung sprach, ging es ihr um gründliche Wissenschaft.

Schon als Kind verschlang Wang Zhenyi alle Bücher, die sie in die Hände bekam. Als ihr Großvater, Wang Zhefu, im Jahre 1782 verstarb, ging sie mit ihrem Vater zu seinem Begräbnis in Jilin. Sie verweilten in dessen altem Anwesen über fünf Jahre, wo die junge Wang Zhenyi die umfassende Bücherei ihres verstorbenen Großvaters ausgiebig nutzte. In dieser Zeit erlernte sie überdies von der Frau eines mongolischen Generals das Bogenschießen. Jeder ihrer Pfeile traf sein Ziel, und Reiten konnte sie wie der Blitz. Wang Zhenyis Gedichte waren poetische Meisterwerke, frei von überflüssigem Schmuck. Sie beherrschte die Mathematik ihrer Zeit und verfügte über ein solides medizinisches Wissen. Es war aber vor allem die Astronomie, der ihre Leidenschaft galt. Nächtelang beobachtete sie Mond und Sterne.

Im Jahre 1774 kehrte sie mit ihrem Vater nach Nanjing zurück, begleitete ihn aber bald schon auf seinen Rei-

Ein zweidimensionales Modell der Welt: ein Astrolabium aus der Qing-Dynastie (1644–1912), Kaiserliche Palastwerkstätten, Bronze, vergoldet, Papier, Palastmuseum Peking.

Tapisserie »Die Astronomen«, Manufaktur Beauvais, um 1720–1730,
Wolle, Seide, Neue Residenz Bamberg

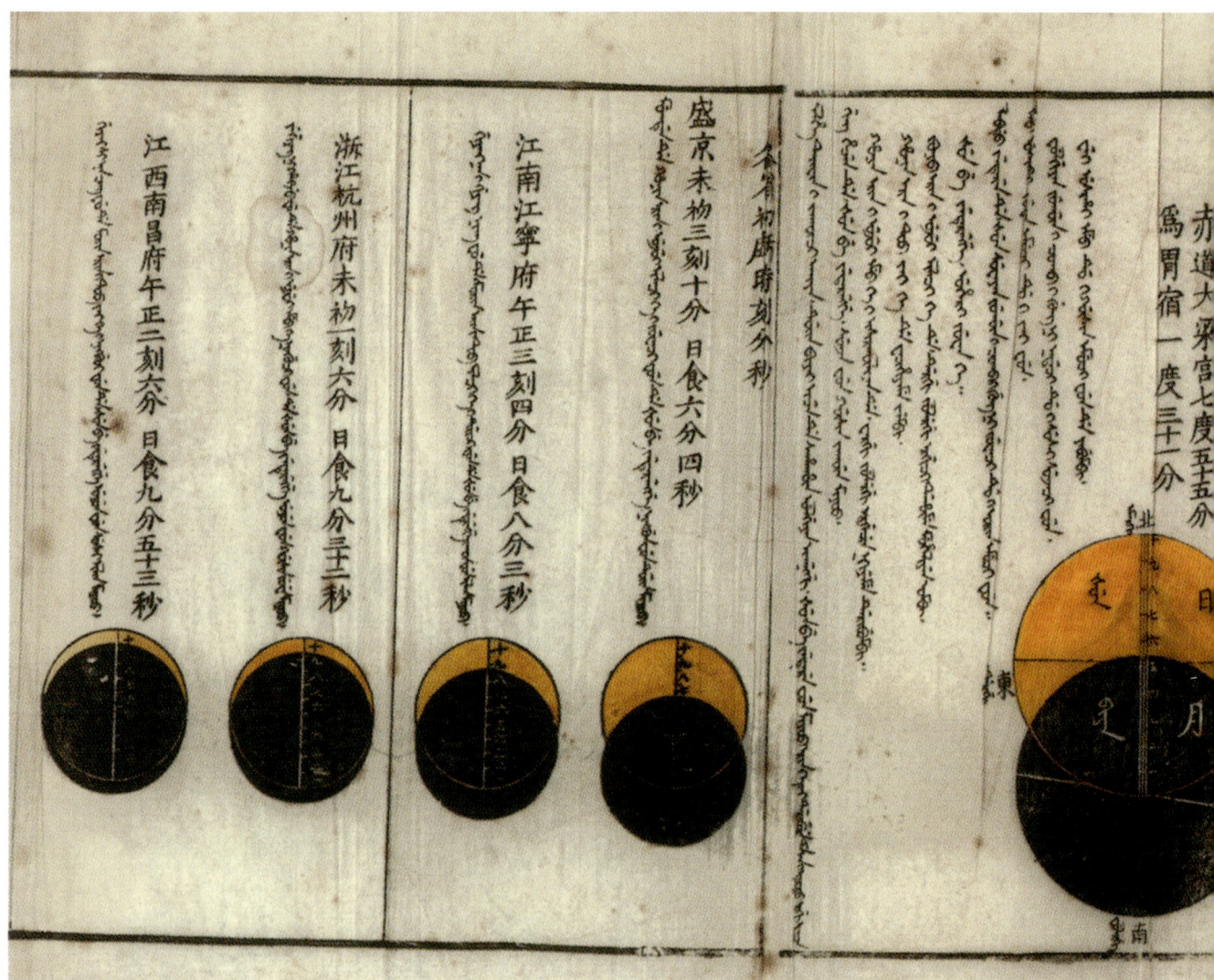

sen quer durch das Reich. Nach der Heirat im Alter von fünfundzwanzig Jahren – die Ehe blieb kinderlos – betrieb sie ihre Forschungen mit großem Eifer weiter.

Ihre wissenschaftliche Neugier ist durch zahlreiche Niederschriften belegt. Sei es der Satz des Pythagoras oder nur geschickte Vereinfachungen der Grundrechenarten – ihr diszipliniertes Selbststudium kannte keine Grenzen. Besonders ergreifend ist ihre »Erklärung der Mondfinsternis«. In diesem Aufsatz beschreibt Wang Zhenyi, wie sie sich wochenlang über dieses Phänomen den Kopf zerbrach, ohne eine befriedigende Erklärung zu finden. Eines Abends, als das Familienbankett im Tugendwind-Pavillon bereits beendet war, fiel Wang Zhenyis Blick auf eine Lampe über dem großen runden Tisch, die vom Dachbalken herunterhing. Plötzlich bemerkte sie, dass das Licht der Tischlampe von den im Osten und Westen des Raums aufgestellten runden Spiegeln hin und her geworfen wurde. Sie blickte sich nach allen vier Seiten um, da war ihr, als ob inmitten der Grübelei ihr Herz berührt würde. Sie legte zum Spaß den westlichen Spiegel auf den Boden unter den Tisch und stellte nun fest, dass der Spiegel in dieser Position nicht mehr von den Strahlen der Lampe beleuchtet wurde. Dann zog sie an dem Seil der Tischlampe und konnte beobachten, dass der Spiegel ab einem gewissen Punkt wieder angestrahlt wurde. Mit diesem Experiment, der Lampe als Sonne, dem Spiegel als Mond und dem Tisch als Erde, gelang es ihr, die für eine Mondfinsternis geltenden Zusammenhänge höchst genau zu beschreiben. Genauso verblüffend

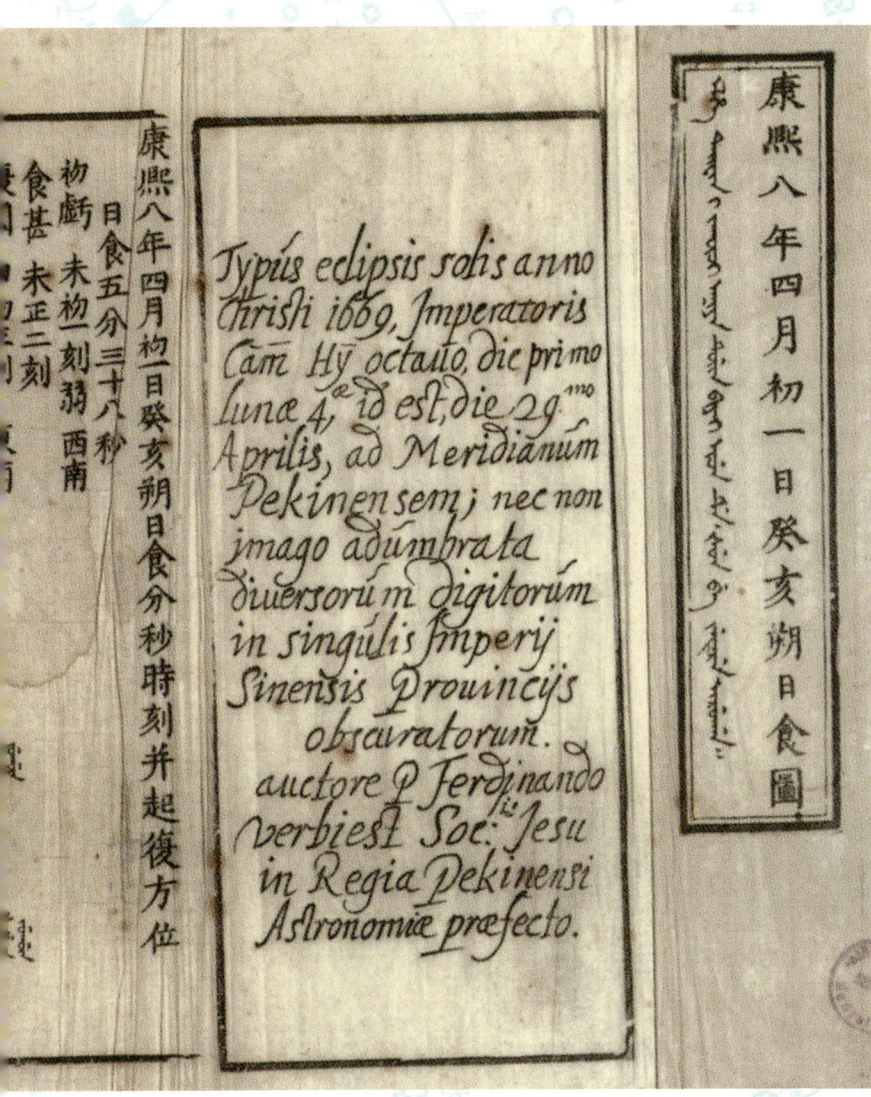

Kolorierter Leporello, der die Berechnung einer Sonnenfinsternis vom 1. Tag des 4. Monats im 8. Jahr der Regierungsperiode Kangxi (1662–1722) zeigt; Ferdinand Verbiest, Peking 1668, Seidenpapier, Universitätsbibliothek München.

erklärte sie den Zusammenhang zwischen Mond- und Sonnenfinsternis und die Tatsache, dass die Menschen, obwohl die Erde eine Kugel ist, dennoch nicht von ihr herunterzufallen drohen.

Leider war dieser Forscherin kein langes Leben beschieden. Als sie ihr eigenes Ende nahen sah, übergab sie all ihre Manuskripte ihrer besten Freundin. Diese wiederum reichte sie an ihren Neffen weiter, der eines ihrer Werke veröffentlichte und Wang Zhenyi in seinem Vorwort als herausragende Gelehrte gleich nach der berühmten Historikerin Ban Zhao (45–117) einordnet.

WANG YUN
Dichterin und Dramatikerin, 1749–1819

ang Yun wurde im Jahre 1749 in Chang'an, dem heutigen Xi'an, geboren. Ihr Vater Wang Yuanchang und ihr Sohn Wang Bailing erlangten beide in den kaiserlichen Prüfungen den Jinshi-Grad und dienten als lokale Magistraten in Verwaltungskreisen nahe der Hauptstadt. Schon als Kind hatte Wang Yun Talent zum Dichten bewiesen, und auch nach dem Verlust ihres Mannes gab sie das Schreiben bis zu ihrem Tod nicht auf. Sie veröffentlichte über zweihundert Gedichte und schrieb drei Theaterstücke, »Ein Traum von Glorie«, »Aufzeichnungen vom vollkommenen Glück« und »Ein Traum vom Wandeln unter Unsterblichen«.

Während die meisten Dramenschreiberinnen entweder Frauen oder Verwandte von bekannten männlichen Theaterschreibern waren, hatte Wang Yun zunächst keinen direkten Kontakt mit der professionellen Theaterwelt. Ihr Wissen über dieses Genre erarbeitete sie sich durch die Lektüre von Theaterstücken und häufige Theaterbesuche. Zahlreiche Theaterkritiken in Gedichtform belegen, dass sie eine treue Zuschauerin war und später auch die Darsteller persönlich kennenlernte.

Wang Yuns Ruhm gründet vor allem auf dem revolutionären Stück »Fanhuameng« (»Ein Traum von Glorie«), in dem sie – höchst reflektiert und mit feiner Ironie – die Geschichte der Wang Menglin erzählt. In ihrem Kummer darüber, als Frau geboren zu sein, der so viele Wege durch die Männergesellschaft versperrt sind, fällt sie in einen tiefen Traum, in dem sie als Mann die drei Frauen ihres Herzens sucht und schließlich mit ihnen als erfolgreicher Mann eine glückliche Familie gründet.

Das Besondere an diesem Stück ist keineswegs, dass hier eine Frau als Mann auftritt. Schon früh gab es die legendäre Hua Mulan, die für ihren Vater als »Sohn« den Militärdienst verrichtete, oder die talentierte Huang Chonggu, die wohl aus schierer Geldnot eine beeindruckende Karriere als Mann machte. Ebenso gibt es Erzählungen, in denen Männer in Frauenkleider schlüpfen. Männer greifen allerdings meist zu diesem Mittel, um einer Gefahr zu entkommen. Dies allerdings kann leicht dazu führen, dass sie ganz neuen Bedrohungen ausgesetzt sind: Nun müssen sie sich davor hüten, entführt zu werden, um nicht in Palästen als Konkubinen oder Dienerinnen zu enden. Während also selbst der stärkste Mann im Rock zur leichten Beute und einem machtlosen Opfer wird, greifen Frauen in den Kleiderschrank, um sich eine Chance auf Gleichberechtigung zu erkämpfen.

Wie weit Wang Yun von diesen stereotypen Klischees entfernt war, macht der Vergleich mit anderen Stücken deutlich: Selbst die große Kriegerin Hua Mulan oder die zum hohen Beamten aufgestiegene Huang Chonggu landen nämlich, kaum dass sie sich in ihren Abenteuern als Mann bewiesen haben, wieder unweigerlich als brave Frau in einer konfuzianischen Musterehe.

Wang Yun durchschaute ohne Zweifel die Falle, die in diesen Legenden lauerte und die den Frauen letztlich nur – und zwar durchaus im Dienste der herrschenden Ordnung – die vorübergehende Freiheit gab, als bessere Ersatzmänner zu wirken. Deswegen verklei-

Wang Yuns revolutionäres Stück »Fanhuameng« (»Ein Traum von Glorie«), erzählt die Geschichte einer Frau, die aus Kummer darüber, als Frau geboren zu sein, der, durch die Restriktionen der Männergesellschaft so viele Wege versperrt sind, in einen tiefen Traum fällt, in dem sie als Mann die drei Frauen ihres Herzens sucht und schließlich mit ihnen als erfolgreicher Mann eine Familie gründet.

det sich Wang Yuns Hauptdarstellerin Wang Mengyu auch nicht als Mann. Sie fühlt sich durch ihre Geburt als Frau klar benachteiligt. Begraben in den Frauengemächern, kann sie weder Beamter noch Unsterblicher werden, weder General noch Dichter. Ausgeschlossen von allen gesellschaftlichen Aufstiegsmöglichkeiten, erfüllt sie sich all ihre Fantasien in einem Traum, in dem sie nun »Mann« ist. Nur so kann sie ein freies Liebesleben führen und Karriere machen. Als Erstes verlobt sie sich daher auch mit einer gewissen Dame Hu von Hangzhou und einer Dame Huang von Suzhou. Nach einem ersten Platz bei den kaiserlichen Prüfungen tritt Wang Wenyun dann den ersehnten Dienst am Hof an der Seite des eigenen Vaters an. Ihre Mutter arrangiert in der Zwischenzeit für sie eine Ehe mit der Dame Xie, die zu ihrer großen Überraschung ihre Verlobten noch an Schönheit und Intelligenz übertrifft. Für diese Dame ist sie sogar bereit, ihre vorherigen Verlobungen wieder aufzulösen. Doch da akzeptiert die Dame Xie die beiden anderen Frauen als Konkubinen für sie. Wie wunderbar!

Als Wang Wenyun allerdings aus Dankbarkeit ihrem Bruder zwei Singmädchen schenken will, kommt es kurzfristig zu Verwicklungen, da ihre Frauen fürchten, dass diese beiden Frauen nun auch ihre Konkubinen werden. Doch auch dieses Missverständnis löst sich auf, und so leben sie zwanzig Jahre glücklich zusammen. Bis Wang Wenyun eines Tages nach einer Feier unvermittelt als Frau in Frauenkleidern erwacht. Wieder Frau, verliert sie alles und ringt fortan mit dem Schmerz, nur aufgrund ihres Geschlechts alles aufgeben zu müssen. Zum Schluss enthüllt ihr die daoistische Unsterbliche Magu die Leerheit von Reichtum, Ruhm und Liebe. In Dankbarkeit über die ihr zuteil gewordene Erleuchtung bleibt ihr nur die Hoffnung, eines Tages aus der Welt des Scheins auszubrechen und mit neuem Bewusstsein in das Reich der Unsterblichen aufzusteigen.

Der in dem Stück zutage kommende Anspruch wird noch einmal in den letzten Worten der Hauptdarstellerin überdeutlich, in denen sie dem Publikum nahelegt, dass Frauen und Männer die Welt der Illusionen hinter sich lassen müssen. Wang Yuns Stück hat daher auch kein Happy End, ihre Hauptdarstellerin fügt sich nicht mehr in die althergebrachte Ordnung ein. Doch auch wenn hier der Ausbruch aus den gesetzten Grenzen nur während eines kurzen Traums im großen Traum des Lebens gelungen ist, dämmert Wang Wenyun nach dem Erwachen sehr wohl die Bedeutung ihrer Erfahrungen, und so spricht sie am Ende, die Zukunft beschwörend:

Tränen nässen meine Kleider, während meine Seelen sich im Duft der Gräser verlieren. Ich werde aus diesem Traum von Glorie eine Schrift voll verrückter Leidenschaft schaffen, die währen wird, bis der Himmel verödet und die Erde ergraut!

巾幗

KRIEGERINNEN

英雄

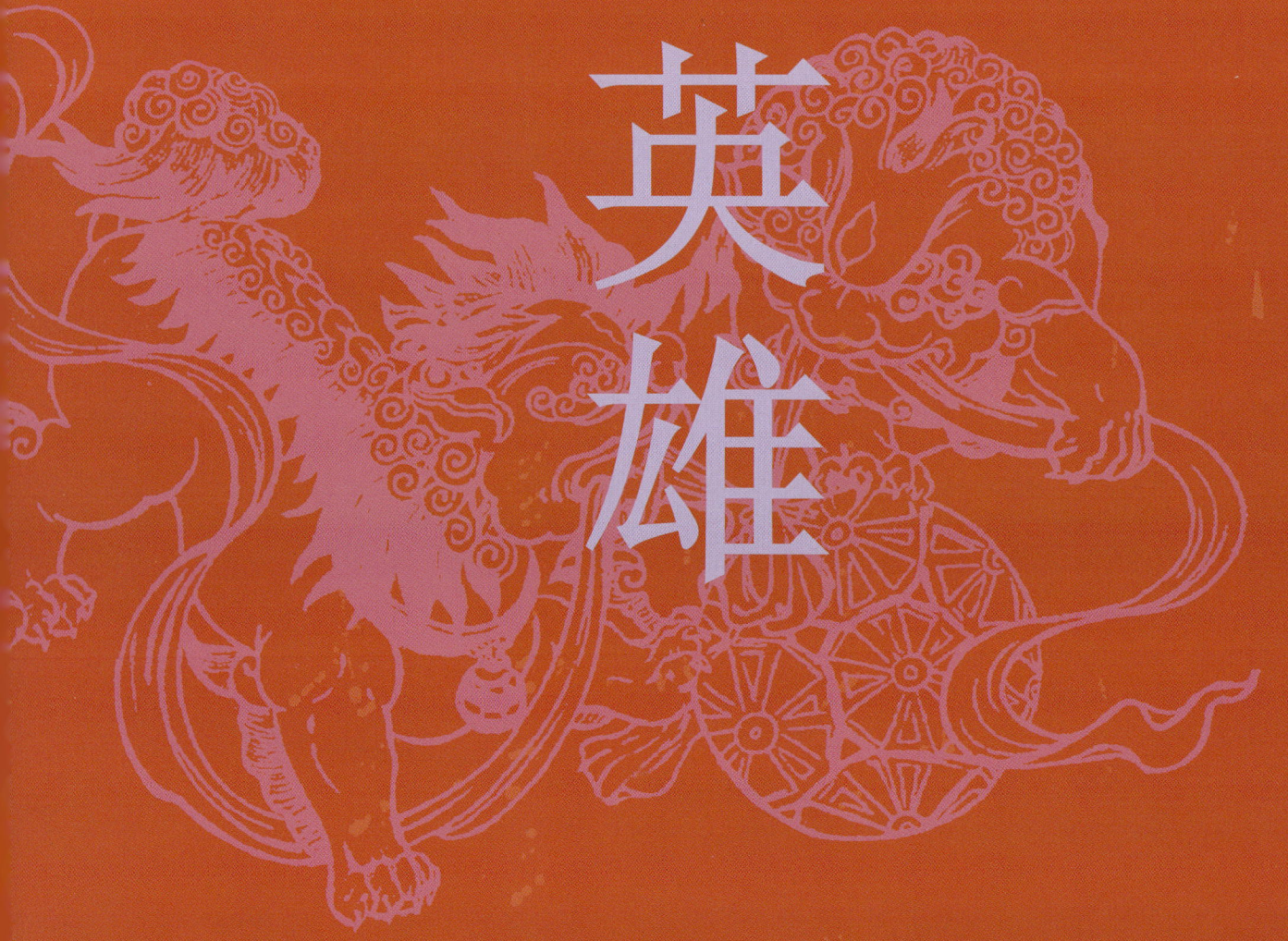

Im Kapitel über Volksheldinnen und Kriegerinnen stürmt Hua Mulan, deren Kriegsdienst an ihres Vater statt inzwischen auch im Westen legendär ist, allen voran. Es folgen Qin Liangyu und Shen Yunying – beides Kriegerinnen, die sich in patriotischem Kampf am Ende der Ming-Zeit unsterblichen Ruhm erworben haben.

HUA MULAN
Volksheldin, 5. Jahrhundert

Ach und ach und noch mal ach
Mulan webt am Tor
Ihren Webstuhl hört man nicht
Nur Seufzen dringt ans Ohr
Fragt sie, wen sie vermisst
Fragt sie, an wen sie denkt
Kein Mensch, den sie vermisst
Kein Mensch, an den sie denkt
Sie sah das Schreiben letzte Nacht
Die Krieger zu sich ruft der mächtige Khan
Gar zwanzig Rollen an der Zahl
Doch alle führ'n des Vaters Nam'
Kein reifer Sohn an Vaters statt
Die Mulan hat solch' Bruder nicht
Doch Pferd und Sattel will sie ersteh'n
Für ihren Vater hinein ins Gefecht!
Am Ostmarkt kauft sie ihren Hengst
Am Westmarkt Sattel und Pferdedeck'
Am Südmarkt zäumt sie Zügel auf
Am Nordmarkt kommt noch die Peitsch' ins Gepäck
Am Morgen ließ sie die Eltern zurück
Und schlug ihr Zelt am Gelbfluss auf
Statt ihrer Eltern trauter Ruf
Erklang des wilden Weltenstroms dumpf unbarmherziger Lauf
Am Morgen ließ sie den Gelbfluss zurück
Erklomm des Nachts die Schwarzkopfwand
Statt ihrer Eltern trauter Ruf
Hallt heis'res Wiehern fremder Ross' vom Schwalbenstein ins Land
Zehntausend Meilen, immerfort, folgt sie dem Ruf der Pflicht
Der Pässe Klippen steil und schroff, sie nahm sie all' im Flug
Der klaren Nächte Stundenschlag, im Norden hallt er weit
Wenn eisig frost'ger Glanz auf ihrem Harnisch sich zeigt
In hundert Schlachten General auf General bald wich
Die Jahre dahin, zehn an der Zahl, dann war es den Kämpfern genug
Beim Rückmarsch ging's zum Himmelssohn
Der weilt in der Hall' des Lichts
Sein Lob, es kreist zwölf Mal im Rund
Gibt hunderttausend Käsch dem Bund
Doch als er fragt nach ihrem Begehr
Gibt sie nur an: »Dergleichen nichts!
Vielleicht ein Tausendmeilen-Pferd,
Das mich zur Heimat tragen kann.«
Zur Rückkehr treten die Eltern aus
Den Toren der Stadt zur Begrüßung hinaus
Die Schwester vernimmt der Schwester Nah'n

Hua Mulan, die als patriotische Frau für ihren Vater in die Schlacht zog, wurde gerade in den jungen Jahren der Volksrepublik China in leuchtenden Farben verehrt.

Und richtet schon die Schminke an
Der kleine Bruder erfährt vom Glück,
Die Messer scharf, fällt aufs Schwein sein Blick
»Ich öffne des Ostflügels Tor
Find Ruh auf Westzimmers Bett!
Leg ab der Krieger staub'ger Kluft
Und atme der alten Kleider Duft!«
Am Fenster sie richtet ihr wallendes Haar
Im Spiegel sie schmückt sich so adrett
Dass sie, kaum der alten Genossen gewahr,
Nur noch deren blanken Schrecken sah
»Oh, Seit' an Seit' im Kampf zwölf Jahr
Ahnungslos, dass sie ein Fräulein war!« –
»Des Rammlers Lauf trägt üppig Haar
Der Zibbe Aug sieht nur ganz nah
Doch geht es über Stock und Stein
Wie sollt man scheiden zwischen Männ- und Weiblein?«

Die Legenden von Hua Mulan, die für ihren alten Vater in die Schlacht zog, kehren alle an einem Punkt zu diesem alten Gedicht und dessen Moral – wie sie in der hier nicht mehr angeführten zweiten Strophe zum Ausdruck kommt – zurück: Wenn einer Zeit ein beherzter Untertan beschieden ist, der vermag – wie Mulan –, weder die Treue zum Herrscher noch die Kindespflicht gegenüber den eigenen Eltern zu vernachlässigen, wie könnte dessen Ruhm selbst nach tausend Generationen jemals untergehen.

QIN LIANGYU
Generalin der Weiß-Stock-Armee, 1574–1648

Die berühmte Generalin Qin Liangyu stammte aus Zhongzhou in Sichuan. Sie heiratete Ma Qianzheng, einen Kommandanten von Shizhu. Als dieser den Befehl erhielt, gegen einen Aufstand in Bozhu zu Felde zu ziehen, folgte Qin Liangyu ihrem Mann mit 500 Soldaten und nahm einen der Rebellenführer fest. Dies war der Anfang ihrer militärischen Karriere. In der Folge kämpfte sie Seite an Seite mit ihrem Mann, bis dieser angeklagt und eingesperrt wurde und schließlich im Gefängnis verhungerte. Seinen Posten übernahm Qin Liangyu.

Von klein auf war Qin Liangyu nicht nur in den Klassikern und der Poesie ausgebildet worden, sondern auch zu einer ausgezeichneten Reiterin und Bogenschützin. Unter ihrer Führung herrschte eine strenge Ordnung in der Truppe, die man aufgrund ihrer aus weißem Eschenholz gefertigten Lanzen die Weiß-Stock-Armee nannte. Im Jahre 1620 kämpfte sie mit ihren Soldaten gegen die Mandschuren in Liaoning. Sie schickte ihre Brüder mit tausend Mann in die Schlacht voraus und folgte ihnen mit 3000 Fußsoldaten. Ihr älterer Bruder starb im Kampf, ihr jüngerer entkam nur knapp dem Tod. In der Hauptstadt ließ sie dann für ihre Soldaten 1500 Winterkleider anfertigen, um mit ihrer Truppe den Yu Pass verteidigen zu können. Wohin man sie auch entsandte – der Weiß-Stock-Armee eilte der Ruf voraus, siegreich zu sein.

Als She Congming in Sichuan rebellierte, versuchte er, Qin Liangyu mit Geld und Seide auf seine Seite zu ziehen. Doch sie köpfte nur seine Boten und entsandte unbeeindruckt ihre Soldaten in den Kampf gegen ihn. Trotz ihres Heldenmuts und militärischen Geschicks konnte sie jedoch das Blatt nicht mehr wenden, auch wenn ihr vorerst mit beachtlichem Erfolg die Verteidigung des Ming-Reichs gegen die anstürmenden Mandschuren gelang. Kaiser Chongzhen bedachte seine Ausnahmegeneralin in klingenden Lobgedichten und verlieh ihr hohe militärische Posten. Doch eine Frau alleine war nicht genug, um all die kleinen und großen Brandherde zu löschen, welche letztlich die Dynastie in Rauch aufgehen lassen würden. Selbst bei den Kämpfen gegen die Rebellen in ihrer Heimat deutete sich an, dass trotz ihres Kampfgeschicks ihr Heer einfach zu klein war, um das Territorium noch einmal unter Kontrolle zu bringen. Als der Rebellenführer Zhang Xianzhong schließlich ganz Sichuan eingenommen hatte, sprach sie noch einmal, sichtlich ergriffen von den Ereignissen, vor ihrer Truppe: »Meine beiden Brüder sind im Dienst für das Kaiserhaus gefallen, und mir, dieser schwächlichen Frau, hat man nun schon zwanzig Jahre lang die Gnade erteilt, dem Staat zu dienen. Heute hat uns das Unglück auch hier erreicht, doch wie könnte ich es jemals wagen, mit meinen mir verbleibenden Jahren den aufrührerischen Rebellen zu dienen?!« Sie ließ alle ihre Einheiten antreten und schwor sie ein: »Falls einer von euch den Rebellen folgt, soll ohne Pardon seine gesamte Familie hingerichtet werden!« Als die Rebellen nach ihrem Sieg überall Männer rekrutieren, wagte sich keiner von ihnen jemals mehr in die Nähe von Shizhu, wo Qin Liangyu mit den letzten Getreuen verweilte.

Von klein auf war Qin Liangyu nicht nur in den Klassikern und der Poesie ausgebildet worden, sondern auch zu einer ausgezeichneten Reiterin und Bogenschützin. Nach dem Tod ihres Mannes übernahm sie den Posten als Generalin der Weiß-Stock-Armee.

Nach dem Selbstmord des Kaisers und der mandschurischen Machtübernahme sandten die in den Süden geflohenen Ming-Loyalisten noch einmal einen Boten zu Qin Liangyu, um ihr den Widerstand in Sichuan zu übertragen. Geehrt nahm sie den Befehl entgegen, doch starb sie wenige Tage darauf mit über siebzig Jahren. Ihren einstigen Widersacher Zhang Xianzhong hatte sie noch überlebt.

SHEN YUNYING
Tochter des Generals Shen Zhixu, 1624–1660

ls sie unter dem Banner des Generals stand, liefen ihr die Tränen über die Wangen. Zur Linken hing ihr Schwalbenköcher mit den Pfeilen, die sie noch einmal geschliffen hatte. In der rechten Hand hielt sie eine Schlangenhellebarde. Da löste sie ihr Haar und hob zum Schwur an: »Die Rebellen mögen ein paarmal hintereinander gesiegt haben, doch sind sie nicht mehr als ein wilder Krähenhaufen. Sie sind es nicht wert, sie zu fürchten! Bei meiner Ehre als Frau ertrage ich es nicht, gemeinsam mit diesen Rebellen unter dem gleichen Himmel weiterzuleben. Erst wenn ich für meinen Vater gestorben bin und ihr, Männer, für eure Heimat gestorben seid, ist das Ende von Daozhou besiegelt! Wer von euch will die Hand dieser räudigen Rebellen um sein Leben anbetteln? Wer will untätig zusehen, wie Weib und Kind von ihnen verschleppt werden?«

Mit nur einer Handvoll Getreuer ritt sie davon und stürmte wie ein Blitz in das Lager der Feinde, die sich gerade mit Wein und Gesang an ihrem Sieg berauschten. So senkte sich ein kalter Herbstregen aus Pfeilspitzen auf die gleich ahnungslosen Pferden auf einer Frühlingswiese ruhenden Rebellen. Eigenhändig richtete Shen Yünying dreißig Krieger hin, die es wagten, sich ihr in den Weg zu stellen. Sie zerschlug das Banner der Räuber und wickelte den zur Schau gestellten Leichnam ihres Vaters in ihren Umhang, um ihn heimzuholen. Als den Rebellen gewahr wurde, dass eine Frau die Eindringlinge anführte, machte sich panische Angst unter ihnen breit, und sie ergriffen Hals über Kopf die Flucht.

Mit noch nicht einmal zwanzig Jahren wurde die Tochter des Generals Shen Zhixu zur Heldin, indem sie furchtlos den Tod ihres Vaters rächte. Das bereits verloren geglaubte Daozhou wurde noch einmal aus der Hand der Rebellen befreit. Die Menschen errichteten später aus Dankbarkeit für diesen Sieg am Ort der Schlacht einen Tempel, wo sie Vater und Tochter Opfer darbrachten.

Als kleines Mädchen hatte Shen Yunying bereits Reiten gelernt und beherrschte auch im Sattel ihren Bogen. Stets begleitete sie ihren Vater, der die Militärprüfung erfolgreich abgelegt hatte, auf seinen Dienstgängen in der Hauptstadt. Als ihr mit neun Jahren die »Gespräche des Konfuzius« in die Hände fielen, war ihr Interesse geweckt, und sie bat ihren Vater um Unterricht. In kürzester Zeit meisterte sie die »Vier Bücher«, den Grundstein der konfuzianischen Lehre. Was sie las, behielt sie für immer. Dann bat sie ihren Lehrer darum, auch in den Klassikern unterwiesen zu werden. Sie wünschte, gleich mit dem schwersten zu beginnen. Der alte Lehrer wählte die unter den Gelehrten wegen ihrer Undurchdringlichkeit gefürchteten »Frühlings- und Herbstannalen der Hu-Familie«. Doch im Falle von Shen Yunying genügte es, einen winzigen Fingerzeig zu geben, und schon hatte sie alles bis ins Detail verstanden.

Als Daozhou von den Rebellen eingekesselt wurde, nahm Shen Yunyings Studium ein abruptes Ende. Ihr Vater wurde entsandt, die Belagerung zu beenden. Er hatte die Rebellen schon bei Matanyi besiegt und ihren Führer vor seinen eigenen Befestigungen niedergestreckt, aber in dem Moment, als sich die Feinde zurückziehen wollten, kam es zu einem fürchterlichen Wolkenbruch. Shen Zhixu wurde an seiner linken Seite verwundet, konnte die Blutung mit seinen Schuhbändern noch stillen, doch dann stolperte sein Pferd. Gefangen in den eigenen Steigbügeln, wurde er von der Nachhut der Rebellen getötet, und die Schlacht nahm eine erneute Wendung. – Die Rebellen konnten aber bekanntlich nicht lange ihren teuer erkämpften Sieg auskosten …

Als Dank für ihren heldenhaften Einsatz durfte Shen Yunying als Kommandantin die Truppen ihres Vaters übernehmen und den Kampf der untergehenden Ming-Dynastie gegen die Rebellenhorden fortführen. Als jedoch auch ihr Mann bei der Verteidigung von Jingzhou fiel, schrie sie vor Schmerz auf: »Mein Leben ist am Ende!« Unter Tränen legte sie das Amt nieder und kehrte zurück zum Stammsitz ihrer Ahnen nach Changgang in der Nähe von Hangzhou. Die Qing-Truppen, die auf dem Weg waren, ganz China unter ihre Kontrolle zu bringen, standen schließlich auch vor den Toren von Hangzhou. Shen Yunying wollte sich vor Trauer darüber im Fluss ertränken, allein das tatkräftige Einschreiten ihrer Mutter konnte dies verhindern.

Verarmt und ohne jegliche Einkünfte, eröffnete sie neben ihrem Ahnentempel eine Schule, in der sie die Kinder ihres Clans ausbildete. Ihre Schüler taten sich besonders durch die Beherrschung der »Frühlings- und Herbstannalen der Hu-Familie« hervor. Als aber die Ming-Résistance – und damit die letzte Hoffnung auf ein Abwenden der Fremdherrschaft – aufgerieben wurde, verkündete die einstige Kriegerin Shen Yunying: »Ich kann nicht länger an diesem Ort verweilen!« Sie gab alle Kinder aus ihrer Schule in anderer Leute Obhut, nahm ein Bad und schied von dieser Welt.

Shen Yunyings Heldentaten wurden nicht in den offiziellen Geschichtswerken der siegreichen Qing-Dynastie verewigt. Es ist privaten Gelehrten zu verdanken, dass die Erinnerung an sie bis heute bewahrt wurde. So sind eine Grabinschrift, kurze Erzählungen und sogar die Verarbeitung des Stoffes zu einer Pekingoper überliefert. Einer der großen Darsteller der Pekingoper, Cheng Yanqiu (1904–1958), soll mehrmals die Rolle der Shen Yunying gegeben haben.

»Frauen im Aufbruch« stellt fünf Frauen des letzten Jahrhunderts vor. Qiu Jin ist nicht nur eine unvergessene Märtyrerin im Befreiungskampf gegen die mandschurische Qing-Dynastie, sie ist auch eine der bekanntesten frühen Vertreterinnen der chinesischen Frauenrechtsbewegung. Lü Bicheng kämpfte ebenfalls für die Rechte der Frauen und war darüber hinaus nicht nur eine der ersten Tierschützerinnen, sondern auch eine der letzten Bewahrerinnen des klassischen Literaturstils. Lu Xiaoman ließ sich in ihrer kompromisslosen Suche nach Liebe und Glück durch nichts einschränken. Die Lebensgeschichte der Deng Manwei führt den Leser in die farbenprächtige Welt der Kantonoper. Die letzte Skizze zeichnet das Leben und Wirken von Fang Zhaolin nach, der es trotz Schicksalsschlägen gelang, sich den Traum einer Karriere als gefeierte Tuschmalerin zu erfüllen.

QIU JIN
Märtyrerin der Revolution, 1875–1907

ichterin, Feministin und Märtyrerin – all dies trifft auf die große Kämpferin Qiu Jin zu. Sie wuchs als geliebte Tochter einer Literatenfamilie in Shaoxing in der Provinz Zhejiang auf. Schon als Kind war sie von den legendären Kriegerinnen der alten Heldensagen begeistert. Sie meisterte früh Reiten und Kampfkunst und studierte Dichtung, Philosophie und Geschichte. Mit einundzwanzig Jahren verheirateten sie ihre Eltern mit Wang Tingjun, dem sie einen Sohn und eine Tochter gebar. Der Ehe war indes von Anfang an kein Glück beschieden; die Gedichte aus ihren ersten Ehejahren sind voll von Melancholie und Sehnsucht nach dem einstigen Leben im Elternhaus.

Im Jahre 1903 erhielt ihr Mann einen Posten in der Hauptstadt, wohin ihm Qiu Jin mit ihren Kindern folgte. Hier kam Qiu Jin in Kontakt mit den neuen, fortschrittlich denkenden Kreisen und wurde von ihren revolutionären Ideen in den Bann gezogen. Als ihr Mann nun auch noch andeutete, dass er sich eine Konkubine zu nehmen gedenke, hatte Qiu Jin dank ihrer neuen Freunde den Mut, aus ihrem Gefängnis auszubrechen. Auf der Suche nach Freiheit für sich und ihr Vaterland brach sie alleine, ohne ihre Kinder, nach Japan auf:

Sag nicht, dass Frauen keine Helden sind!
Alleine bin ich auf des Windes Rücken 10 000 Meilen gen Osten geeilt.
In meinen Versen sehnte ich mich danach,
wie ein einsames Boot frei über die Weiten des Ozeans zu fliegen.

Im Traum wanderte ich bereits
auf Euren drei Inseln, Edelsteinen im glitzernden Mondlicht ...

In Tokio studierte sie an der Jissen-Schule für Frauen und sog die revolutionäre Stimmung in diversen feministischen und antimandschurischen Zirkeln förmlich in sich auf. Sie trat militanten Gruppen zur Befreiung des Heimatlands bei und bereitete von Japan aus den Aufstand gegen die Qing vor. Mit Chen Xiefen (1883–1923) gründete sie die Gesellschaft der gemeinsamen Liebe, die sich zum Ziel gesetzt hatte, aus Chinas Frauen mündige, patriotische Bürgerinnen zu machen. Aus Protest gegen die Einschränkungen, die man den chinesischen Auslandsstudenten in Japan auferlegt hatte, kehrte sie jedoch im Jahre 1905 nach China zurück und bereitete den Umsturz in Zhejiang vor.

Zunächst arbeitete sie als Japanischlehrerin und gründete die revolutionäre »Chinesische Frauenzeitschrift«, die allerdings nach der zweiten Ausgabe, nachdem die Herausgeber im Widerstand gegen die Qing gefallen waren, wieder eingestellt werden musste. Im Jahre 1907 kehrte sie schließlich wieder an ihren Heimatort Shaoxing als Schulleiterin zurück.

Tragischerweise wurden ihre noch nicht ausgereiften Umsturzpläne den Qing zugetragen. Qiu Jin hätte alle Zeit der Welt gehabt, zu flüchten. Sie weigerte sich aber entschlossen, ihre Schule zu verlassen, und fiel dadurch in die Hand der verhassten Feinde. Während des Verhörs gab sie kein einziges Wort preis. Als man ihr einen Pinsel zum schriftlichen Geständnis reichte, schrieb sie zunächst ihren Nachnamen

Qiu (»Herbst«) auf das Papier und ließ dann lediglich sechs weitere Zeichen folgen: »…Wind, Herbstregen – diese Trauer setzt meinem Leben ein Ende«. Am Morgen des 15. Juli 1907 wurde Qiu Jin enthauptet. Ihr leidenschaftlicher Kampf für die chinesischen Frauen und ein neues China wurde nicht vergessen.

Nach dem Scheitern ihrer Ehe ging Qiu Jin nach Japan, studierte in Tokio an der Jissen-Schule für Frauen und sog die revolutionäre Stimmung in diversen feministischen und anti-mandschurischen Zirkeln in sich auf. Sie trat militanten Gruppen zur Befreiung ihres Heimatlandes bei und bereitete von Japan aus den Aufstand gegen die Qing vor. Allerdings wurden Qui Jins Pläne schon kurz nach ihrer Rückkehr nach China im Jahr 1905 den Qing zugetragen, was sie am Ende mit dem Leben bezahlen musste.

LÜ BICHENG
Schriftstellerin, 1883–1943

Lü Bicheng war schon fast vergessen. Ihre Meinungen schienen zu differenziert, ihre Ansichten oft unbequem. Man konnte keine stereotype Volksheldin aus ihr machen. Ihre Vision einer modernen Frau hatte nichts mit der Selbstverleugnung des eigenen Wesens in der Hoffnung auf Gleichberechtigung der Geschlechter zu tun. Lü Bicheng forderte aufgeklärte Frauen, die ein reflektiertes Verhältnis zu ihrer Weiblichkeit haben und diese auch leben. Die Vorstellung, als Frau den Haarschmuck abzulegen und sich wie so viele als Mann zu verkleiden, war ihr fremd. Von ihren Standpunkten wich sie nicht ab, nur um modisch zu sein oder zu gefallen. Während die literarische Welt um sie herum die Revolution suchte, lehnte sie es selbstbewusst ab, den hochklassischen Stil und die vielleicht weiblichste Gattung der Literatur aufzugeben. Auch zu den politischen Umwälzungen ihrer Zeit hatte sie ein eher distanziertes Verhältnis. So schien sie bereits untergegangen mit dem großen alten Genre der *Ci*-Dichtung, deren überragende Meisterin sie war. Erst in den letzten Jahren wurde sie wiederentdeckt.

Die von ihr so geschätzte *Ci*-Dichtung, einst entstanden aus den Liedtexten für Singmädchen, hatte im Zuge der Erneuerung der Literatur der Umgangssprache zu weichen. Sie galt nach dem Ende der Kaiserzeit als zu elitär, zu komplex. Ihr strenges Regelwerk ist immerhin Jahrhunderte alt. Wer sie verstehen will, braucht ein feines Gehör, denn *Ci*-Dichtung beherrscht man nicht so einfach über Nacht – und Lü Bicheng lässt ihre Leser dies zuweilen auch spüren.

Ihren Erfolg als Dichterin verdankt Lü Bicheng ohne Zweifel der traditionellen Erziehung ihrer Familie, in welcher schon in frühen Kinderjahren Literatur gelehrt wurde. Ihr Vater, der im Jahre 1877 selbst die höchste Beamtenprüfung bestanden hatte, widmete sich ein Leben lang nur dem Studium und der Politik, ihre Mutter verstand sich ebenfalls aufs Dichten. So kam es, dass Lü Bicheng bereits im Alter von fünf Jahren Gedichte verfassen und mit sieben malen konnte. Als sie neun Jahre alt war, hatte ihr Vater schon einen Ehevertrag für sie mit dem Sohn einer Familie Wang geschlossen. Ohne Zweifel galt Lü Bicheng als eine gute Partie, die mit ihrer vollendeten Bildung dem jungen Mann alle Ehre gemacht hätte.

Doch was zählen schon die Pläne der Menschen! Als im Jahre 1895 ihr Vater überraschend starb, endete Lü Bichengs behütete Jugend abrupt. Da ihr Vater eine Frau und vier noch nicht einmal erwachsene Töchter hinterließ, Frauen aber nicht erbberechtigt waren, fielen die eigenen Verwandten wie Wölfe über den Familienbesitz her. Nur dank der Hilfe eines alten Freundes ihres Mannes überlebte Lü Bichengs Mutter einen in Auftrag gegebenen Raubüberfall. Als nach dieser Tragödie nun auch noch die Familie Wang nicht mehr bereit war, sich an die zuvor für Lü Bicheng getroffene Ehevereinbarung zu halten, brach für das junge Mädchen eine Welt zusammen.

Lü Bicheng würde ein Leben lang nicht heiraten. Sie selbst soll einmal gesagt haben, dass es in ihrer Zeit ohnehin nicht viele Männer gegeben hätte, die aufgrund ihres kompromisslosen Bildungsanspruchs für

Im Mai des Jahres 1904 kam es zu einem legendären Treffen der beiden großen Vorreiterinnen der Frauenrechtsbewegung: Lü Bicheng traf in den Räumen der Ta Kung Pao die Rebellin Qiu Jin. Auf Anhieb verstanden die Frauen sich, wenn sich am Ende des Gesprächs auch abzeichnete, dass sie in Zukunft wohl verschiedene Wege gehen würden. Während Qiu Jin zur Rebellion gegen die mandschurische Qing-Dynastie drängte, zog es Lü Bicheng trotz aller Sympathien für die Aufständischen vor, mit Worten den Frauen zu dienen.

sie überhaupt infrage gekommen wären. Die Mutter brachte ihre Kinder zu ihrem Bruder nach Tangu in der Nähe von Tianjin. In der Hoffnung, ihre Ausbildung fortsetzen zu können, verweilte die inzwischen Vierzehnjährige sechs Jahre in diesem Haushalt. Anlässlich einer Reise nach Tianjin, wo sie die Mädchenschule besuchen wollte, kam es jedoch zu einem so heftigen Streit mir ihrem Onkel, dass es Lü Bicheng nicht mehr länger an diesem Ort hielt. Sie war so erzürnt, dass sie für immer mit ihm brach und davonging. Ohne Geld und ohne Gepäck setzte sie sich in einen Zug und traf dort zu ihrem großen Glück eine buddhistische Äbtissin, die sie mit nach Tianjin nahm. Lü Bicheng ließ daraufhin der Geistlichen, die im Haus der Zeitschrift »Ta kung pao« (L' Impartial) untergebracht war, noch einmal einen herzlichen Dankesbrief zukommen. Zufällig zeigte die davon gerührte Äbtissin diesen Brief auch dem Gründer der Zeitung, der sich hellauf begeistert zeigte und die junge Frau auf der Stelle persönlich einlud, dort zu wohnen und für seine Zeitschrift zu arbeiten.

Lü Bicheng erinnerte sich Jahre später, dass es wohl das Verdienst ihres Onkels, seiner Strenge, gewesen war, dass sie sich selbstständig einen Ruf unter den Gelehrten der damaligen Zeit erstreiten konnte. Sie tat dies allerdings nicht, ohne im gleichen Atemzug zu erwähnen, dass just dieser Onkel, als er von ihrem Erfolg erfahren hatte, ihre junge Karriere sofort wieder unterbinden wollte. Das wäre ihm vielleicht auch gelungen, wenn er nicht ausgerechnet zu dieser Zeit wegen dubioser Vorgänge seines Amtes enthoben worden wäre und sich wohl erst einmal um die eigenen Angelegenheiten hätte kümmern müssen.

Lü Bicheng setzte sich in vielen ihrer Artikel explizit für die Rechte der Frauen ein. Insbesondere lag ihr deren Bildung am Herzen, und so übernahm sie auch die Leitung einer der ersten Mädchenschulen in Nordchina.

Im Mai des Jahres 1904 kam es zu einem legendären Treffen zweier großer Vorreiterinnen der Frauenrechtsbewegung: Lü Bicheng traf in den Räumen der Ta Kung Pao die Rebellin Qiu Jin. Auf Anhieb verstanden sich die beiden, auch wenn sich am Ende des Gesprächs abzeichnete, dass sie in Zukunft wohl verschiedene Wege gehen würden. Während Qiu Jin zur Rebellion gegen die mandschurische Qing-Dynastie drängte, verstand sich Lü Bicheng trotz aller Sympathien für die Aufständischen als Verfechterin eines Weltbürgertums, jenseits von Mandschuren oder Han-Chinesen. Lü Bicheng zog es vor, mit Worten den Frauen zu dienen – und hielt auch ihr Versprechen, als sie im Jahre 1907 für die von Qiu Jin in Schanghai gegründete »Chinesische Frauenzeitschrift« Texte verfasste. Es gab allerdings nur zwei Ausgaben dieser Monatszeitschrift, die sich der Bildung der Frauen und einer zukünftig zu gründenden chinesischen Frauenvereinigung verschrieben hatte, da die beiden Herausgeber kurz hintereinander im Widerstand gegen die Qing fielen.

Im Jahre 1911 wurde die Qing-Dynastie schließlich endgültig gestürzt. Lü Bicheng arbeitete in der Folgezeit drei Jahre im Sekretariat der Regierung von Yuan Shikai, der sich am Ende seines Lebens jedoch noch zum ersten Kaiser der Republikzeit ausrufen sollte. Als sich ihre an die neue Regierung geknüpften Hoffnungen auf eine Verbesserung der Stellung der Frauen nicht erfüllten, trat Lü Bicheng von ihrem Posten zurück und zog nach Schanghai, wo sie ein Vermögen als Händlerin machte. Ihr Leben spielte sich fortan irgendwo zwischen der internationalen Metropole Schanghai und den ewigen Landschaften der Lushan-Region ab, die schon seit Jahrhunderten die Gelehrten aus dem ganzen Land angezogen hatte. Sie leistete sich ein westliches Anwesen mit all dem Luxus und den Zerstreuungen, welche die Stadt Schanghai damals zu bieten hatte.

Lü Bicheng war auch eine begeisterte Tänzerin. Sie kannte alle traditionellen sowie modischen Tänze Chinas und des

Westens und erhob sogar in einer Lobeshymne den Tanz ganz allgemein zu einer der großen Kulturleistungen des Menschen. Im Jahre 1918 erfüllte sie sich einen alten Traum und begann ein zweijähriges Gaststudium an der Columbia University in New York. Es folgten in den nächsten Jahren immer wieder Reisen durch Nordamerika und Europa, die sie auch in ihrem literarischen Schaffen verarbeitete. Dank ihrer Reise-Essays können wir ihre Spuren durch die ganze Welt verfolgen.

Schon immer tierlieb, bekannte sich Lü Bicheng schließlich ganz zum Tötungsverbot des Buddhismus und kämpfte bei jeder Gelegenheit für die Rechte der Tiere. Als ihr Hund von einem Auto überfahren wurde, versuchte sie sogar, gerichtlich gegen den Fahrer vorzugehen. Aufgrund ihrer leidenschaftlichen Bemühungen für die Gründung einer chinesischen Tierschutzorganisation wurde sie als einzige Chinesin zum III. Internationalen Tierschutzkongress im Mai des Jahres 1929 nach Wien eingeladen. Lü Bicheng war die dritte Rednerin der Veranstaltung und ließ sich keineswegs dazu bewegen, nur für »humanere« Schlachtmethoden zu plädieren. Wenn sie lediglich sagen sollte, was andere auch sagen würden, wo läge dann der Sinn ihrer Rede? Sie forderte unmissverständlich ein grundsätzliches Tötungsverbot für Tiere. Die Delegierten im Saal zeigten sich von ihrer auf Englisch gehaltenen Rede überaus beeindruckt, und die Zeitungen waren am nächsten Tag voll mit Berichten über diesen außergewöhnlichen Auftakt des Kongresses.

In Genf suchte Lü Bicheng schließlich im Alter von siebenundvierzig Jahren Zuflucht im Buddhismus und widmete sich ganz dem Übersetzen von Sutren. Als sie 1933 nach China zurückkehrte, zog sie sich vom gesellschaftlichen Leben zurück und arbeitete weiter an ihren Übersetzungen. Als der zweite Japanisch-Chinesische Krieg ausbrach, ging sie noch einmal für drei Jahre nach Europa. Doch auch dort drohte bereits der

nächste Krieg, und ihre Ideen und ihr Engagement für das Leben der Tiere fanden keinen Widerhall mehr. 1940 ging sie nach Hongkong in das Kloster Po Lin. Dort kümmerte sie sich um die Gesamtausgabe ihrer Schriften. Am 24. Januar 1943 verstarb Lü Bicheng. Gemäß ihrem Wunsch wurde sie verbrannt und ihre Asche im Meer verstreut. Ihr gesamtes Vermögen von 200 000 Hongkong-Dollar vermachte sie dem Kloster.

LU XIAOMAN
Lebefrau, 1903–1963

Ihr Vater, Lu Ding, stand einst der Steuerabteilung des Finanzministeriums vor und verheiratete Lu Xiaoman im Alter von zwanzig Jahren standesgemäß mit dem General Wang Geng. Sechs Jahre später ließ sie sich jedoch scheiden und heiratete noch im gleichen Jahr den romantischen Dichter Xu Zhimo. Eine Frau, die aus Liebe ihren angetrauten Mann verlässt – welch ein Skandal!

Xu Zhimo, selbst aus einer wohlhabenden Familie stammend, war ebenfalls von seinen Eltern bereits einmal verheiratet worden, aber auch diese Ehe hatte nur wenige Jahre gehalten. An modernen Schulen in China ausgebildet, hatte er mit einundzwanzig Jahren ein Studium der Wirtschaftswissenschaften an der Columbia-Universität in den USA aufgenommen, war dann an die London School of Economics and Political Science und schließlich nach Cambridge gegangen, wo er Literatur studierte und auch seine ersten Gedichte schrieb. Xu Zhimo war ein wichtiger Vorreiter der Neuen Dichtung Chinas, der sein ganzes Leben lang nur nach Liebe, Freiheit und Schönheit strebte.

Lu Xiaoman, die sich in keiner Weise in dem traditionellen Frauenbild wiederfand, war für Xu Zhimo als Partnerin eine wohl reizvolle Herausforderung. Für Lu Xiaoman hatte es keine Bedeutung, als brave Frau Kinder zu gebären, ihrem Mann zur Seite zu stehen, einen Haushalt fürsorglich zu leiten und den Nachwuchs zu erziehen. Charmant und arrogant, sanft und verführerisch, weltoffen und vergnügungssüchtig, wurde sie zum schillernden Nachtfalter des alten Gesellschaftslebens.

Ihre erste Ehe mit dem großzügigen Wang Geng war nicht etwa daran gescheitert, dass er ihr nicht die Welt zu Füßen gelegt hätte, sie war gescheitert an der fehlenden Leidenschaft. Als Lu Xiaoman in den eigenen Gemächern vor Langeweile und Einsamkeit einzugehen drohte, trat der heiß umworbene Liebesgott Xu Zhimo in ihr Leben ein. Gleich dürrem Stroh fing sie Feuer und tat in einem Zeitalter, in dem es allein das Schicksal von Frauen war, verstoßen zu werden, das Undenkbare: Sie ließ sich von ihrem Mann scheiden.

Wer hätte geahnt, dass Xu Zhimo, bekannt für den Reichtum seiner Familie, nach der Heirat mit der geschiedenen und für den Geschmack der traditionellen Familien viel zu westlichen Lu Xiaoman kein Geld mehr von seinem Vater erhielt. Das große Stadthaus, der Chauffeur, der Koch, Diener, Dienerinnen und die ausschweifenden Vergnügungen mussten nun allein von Xu Zhimos Einkünften bestritten werden.

Doch Lu Xiaoman verlor jeden Maßstab, sodass selbst Xu Zhimos üppiges Gehalt bald nicht mehr reichte, den verschwenderischen Lebensstil seiner Frau zu finanzieren. So lehrte er an mehreren Orten gleichzeitig, war ständig unterwegs, um das doch niemals genügende Geld heranzuschaffen. Bald schon lebten die einst Verliebten in verschieden Welten. Während der Dichter Xu Zhimo sich immer mehr nach Ruhe sehnte, verlor sich Lu Xiaoman in den grellen Klängen des Opiumrausches. Im November 1931 kam es zwischen den beiden zum Zerwürfnis. Als Xu Zhimo ihr riet, dem Opium abzuschwören und noch etwas mit ihrem Leben anzufangen, warf sie nur die Pfeife nach ihm.

Lu Xiaoman, die sich in keiner Weise in dem traditionellen Frauenbild wiederfand, ließ sich von ihrem Mann scheiden und heiratete noch im gleichen Jahr den Dichter Xu Zhimo Für Lu Xiaoman hatte es keine Bedeutung, Kinder zu gebären oder den Haushalt zu führen. Charmant und arrogant, sanft und verführerisch, weltoffen und vergnügungssüchtig, wurde sie zum schillernden Nachtfalter des alten Gesellschaftslebens.

Xu Zhimo ging. Er starb kurz darauf bei einem Flugzeugunglück.

Der plötzliche Tod ihres Ehemanns schien Lu Xiaoman wachzurütteln. Lu Xiaoman tat das, was ihr Xu Zhimo stets nahegelegt hatte: Sie malte und schrieb wieder. Nach zehn Jahren brachte sie es zu einer ersten Ausstellung und hatte bescheidenen Erfolg. Allerdings ließ sie sich bald wieder lieber von ihrem alten Opiumfreund Weng Ruiwu aushalten, als sich kraft ihrer Fähigkeiten auf eigene Füße zu stellen. Lu Xiaoman hatte viele Talente, aber keine großen Ideale. Sie lebte nur für sich und tat dies mit einer unbeirrbaren Konsequenz und einer unersättlichen Leidenschaft, wie man es in China von einer Frau zuvor nicht gekannt hatte.

DENG MANWEI
Opernsängerin, 1911–1942

 eng Manwei, bekannt unter ihrem Künstlernamen Xiao Mingxing (»Kleines Sternchen«), wurde im Kreis Sanshui in der Provinz Kanton geboren. Wegen ihrer großen Augen nannte man sie als Kind auch das »Mädchen mit den großen Augen«. Sie war die achte Tochter ihrer Eltern. Als der Lohn des Vaters für den Unterhalt der Familie nicht mehr reichte, ging ihr einziger Bruder, der Erstgeborene, nach Hongkong und suchte sich dort Arbeit. Die kleine Deng Manwei wurde im Alter von vier Jahren notgedrungen nach Kanton verkauft. Da ihre Ziehmutter keine eigenen Kinder hatte, nahm man sie aber in ihrer neuen Familie wohlwollend auf.

In der Gasse, in der sie wohnte, gab es einen arbeitslosen Schauspieler, den alle nur Meister Zhou nannten. Als er bemerkte, dass der Kleinen seine Lieder gefielen, brachte er ihr einige bei. Ihre Ziehmutter erkannte sogleich das Talent ihrer Tochter und ließ sie Schülerin von Meister Zhou werden. Niemand ahnte, dass es diese traurigen, dunklen Arien des verbitterten Meisters waren, welche später die Grundlage für ihren weltberühmten »Sternchen-Stil« werden sollten, den man in vierter Künstlergeneration noch immer in der Kantonoper pflegt.

Deng Manwei betrat das erste Mal mit elf Jahren die Bühne des Yongshang-Teehauses in Kanton. Bald folgten erste Schallplattenaufnahmen, die ihren Ruhm schnell verbreiteten. Man nannte sie von nun an auch das »Kleine Sternchen«. Mit dreizehn Jahren gelang ihr der Sprung in die erste Riege der Teehäuser der Stadt.

Der Opernautor Wang Xinfan schrieb eigens ein Stück für ihre besondere Stimme. Die Aufführung war ein so großer Erfolg, dass er nun vor allem für sie komponierte. Die letzten zehn Jahre vor dem Fall Guangzhous wurden zur Blütezeit Deng Manweis, deren Stimme man zu den größten Vier Männlichen Stimmen neben Xu Liuxian, Zhang Yue'er und Zhang Huifang zählte.

Allerdings musste Deng Manwei trotz ihres Erfolgs ununterbrochen auftreten, da die Löhne in den Opernhäusern sehr niedrig waren. So kam es, dass sie sich durch die ständigen Belastungen eine Lungenerkrankung zuzog. Die Kosten für ihre Medizin waren jedoch so hoch, dass sie auch während der Behandlung auf der Bühne stehen musste und sich ihr Zustand daher zusehends verschlechterte.

Deng Manwei betrat das erste Mal mit 11 Jahren die Bühne des Yongshang-Teehauses in Kanton. Bald folgten erste Schallplattenaufnahmen, die ihren Ruhm schnell verbreiteten. Man nannte sie von nun an auch das »Kleine Sternchen«. Mit 13 Jahren gelang ihr der Sprung in die erste Riege der Teehäuser der Stadt, und bald schon zählte ihre Stimme zu den größten vier männlichen Stimmen neben Xu Liuxian, Zhang Yue'er und Zhang Huifang.

Trotz ihres labilen Gesundheitszustands entschloss sich Deng Manwei im Jahre 1942 noch einmal zu einem Auftritt in Kanton. Schon im Voraus waren alle sieben Vorstellungen ausverkauft. Ihr erster Abend mit drei Stücken wurde zu einem fulminanten Erfolg, das Publikum war außer sich. Doch nach dem zweiten Abend voller Esprit auf der Bühne spuckte Deng Manwei in der Nacht Blut. Am dritten Abend brach sie während ihres zweiten Stücks zusammen – inmitten der letzten Zeile:

Die Seelen der Mandarinenten starben
Bevor sie zum duftenden Gras zurückkehren konnten
Allein der nächtliche Wind und Regen
Begleitete die fallenden Birnenblüten ...

何年顧虎頭，滿壁畫滄州。赤日石林氣，青天江海流。錫飛常近鶴，杯渡不驚鷗。似得廬山路，真隨惠遠遊。

FANG ZHAOLIN
Moderne Meisterin der Tusche, 1914 – 2006

Geboren nach dem Ende der Qing-Dynastie, wuchs Fang Zhaolin von ihren Eltern behütet in Wuxi in der Provinz Jiangsu auf. Als junge Mädchen mussten sie und ihre Schwester mit ansehen, wie der Vater aus dem Hinterhalt auf seinem Boot erschossen wurde. Ihre Mutter setzte danach alles daran, den Töchtern eine gute Ausbildung zu ermöglichen. So schickte sie Fang Zhaolin im Jahre 1931 an die University of Manchester nach England, wo sie die einzige weibliche chinesische Studentin war. Dort lernte sie auch Fang Xingao kennen, ihren späteren Mann. Sie heirateten noch als Studenten und verbrachten eine glückliche Zeit. Ihr erster Sohn kam zur Welt. Doch 1940, im Zweiten Weltkrieg, mussten sie England verlassen; über Norwegen flohen sie nach New York. Von dort schlug sich Fang Zhaolin hochschwanger an der Seite ihres Mannes bis nach Los Angeles durch, um dann wieder nach China heimzukehren. Kurz nach der Ankunft in Schanghai wurden ihre Zwillingstöchter geboren. Doch auch in China machte der Krieg nicht vor ihnen halt. Hongkong, wo sie sich niedergelassen hatten, mussten sie wegen der Kämpfe des Japanisch-Chinesischen Kriegs wieder verlassen. Jedes ihrer weiteren fünf Kinder wurde an einem anderen Ort ihrer nun sich lang hinziehenden Flucht geboren. Als sie endlich im Jahre 1948 Hongkong zu ihrer Heimatstadt machen konnten, blieb ihnen jedoch nur noch eine kurze gemeinsame Zeit. Im Jahre 1950 verstarb ihr Mann und ließ sie im Alter von sechsunddreißig Jahren mit acht Kindern zurück.

Fang Zhaolin musste nun ein neues Leben beginnen. Mithilfe von Freunden und Verwandten führte sie die Handelsfirma ihres Mannes weiter und nahm sich vor, wie einst die eigene Mutter, auch ihren Kindern die bestmögliche Erziehung teilwerden zu lassen – mit Erfolg. All ihre Kinder machten später herausragende Karrieren.

Als Fang Zhaolin ihre wirtschaftliche Situation hinreichend gefestigt hatte, nahm auch sie wieder ihre Studien auf. Sie übte sich gemeinsam mit Zhao Shaofang in Malerei und Kalligrafie. 1953 wurde sie Schülerin des großen Malermeisters Zhang Daiqian und studierte 1954 an der Hongkong University chinesische Philosophie und Literatur. Im Jahre 1956 schloss sie ein Literaturstudium in Oxford an.

Ihre Tuschmalerei entwickelte Fang Zhaolin weiter, bis sie mit der Zeit – es heißt nach fünfzig Jahren – ihren eigenen Stil fand. Ihr Werk umfasst Landschaften, Tiere und Blumen, Porträts und Kalligrafie. Im Alter nahm sie darüber hinaus globale Themen in ihr Schaffen auf. Noch im hohen Alter von über achtzig Jahren übte sie jeden Tag mindestens sechs Stunden lang.

Einzelausstellungen in der ganzen Welt sowie zahlreiche Auszeichnungen in Hongkong und Japan dokumentieren ihren Weltruf als moderne Meisterin der Tusche. Fang Zhaolin starb im Jahre 2006 zweiundneunzigjährig in Hongkong.

Nachdem sich Fang Zhaolin nach Ausbruch des Zweiten Weltkriegs gezwungen sah, England zu verlassen und über Norwegen nach New York zu fliehen und ihr Studium zu unterbrechen, nahm sie es mit Ende dreißig wieder auf, studierte chinesische Philosophie und Literatur in Hongkong und Oxford und übte sich in Malerei und Kalligraphie. Das Foto zeigt die Künstlerin im Jahr 1988.

Links das Werk »Frühling am Tai See« aus dem Jahr 1969. Folgende *Doppelseite:* »Panda« aus dem Jahr 1985 und »In Memory of Three Masters« von 1984.

初写熊猫空照尚未捕到神情两佳 乙丑年八月泼苯墨数字

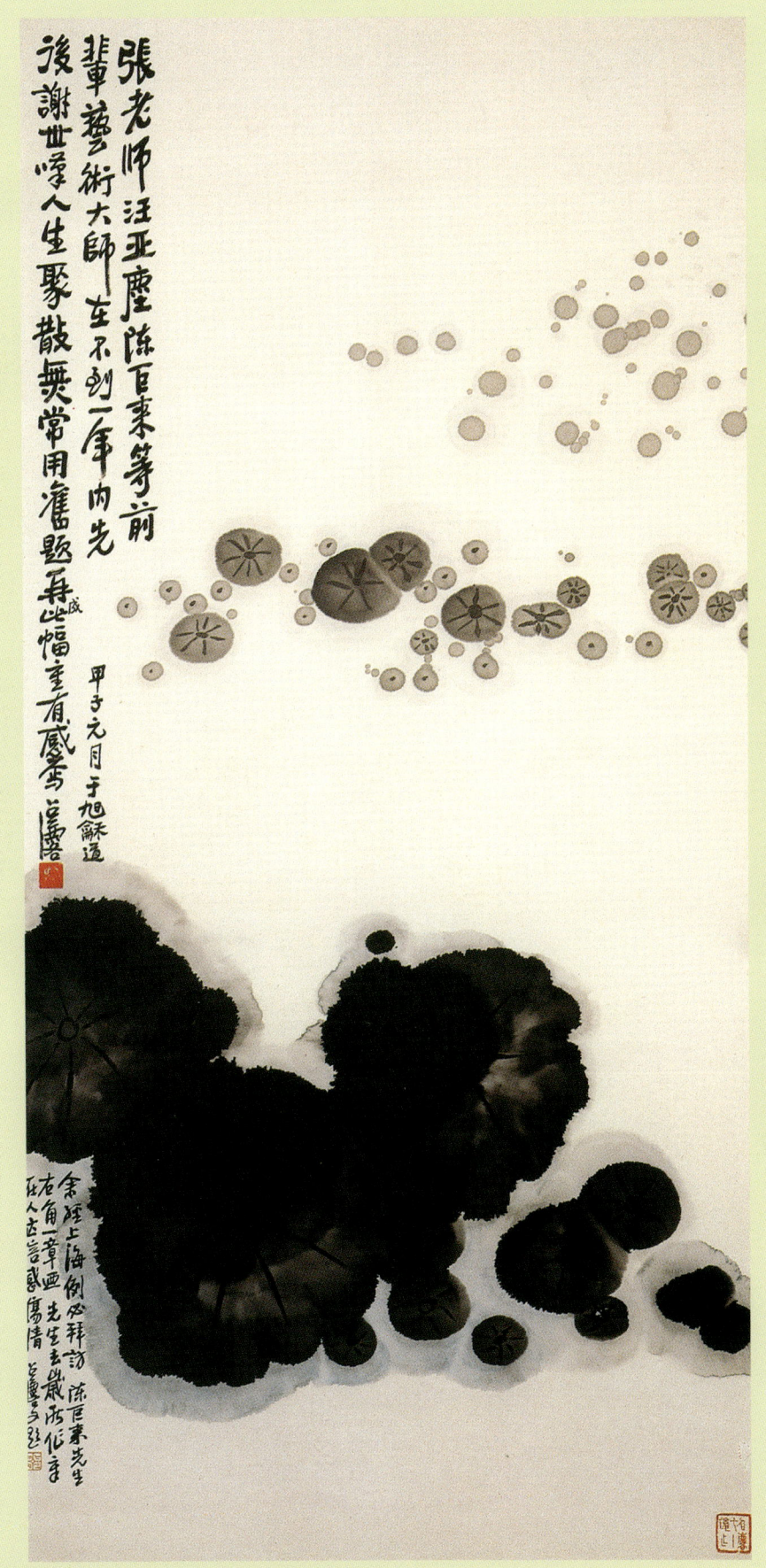

Ein Gespräch mit der Fotokünstlerin Xiao Hui Wang

Sie ist Architektin, Fotokünstlerin, Buchautorin, Regisseurin, Professorin und Botschafterin zwischen Ost und West. Darüber hinaus spielt sie Klavier, liebt unkonventionelle Mode, arbeitet bis spät in die Nacht und insziniert und organisiert viele kulturelle Projekte, manchmal auch ihre eigenen Ausstellungen. All diese Aufgaben erfüllt sie mit großer Ernsthaftigkeit, so als ob weder Zeit noch geografische Distanzen eine Rolle spielen würden. Wie kann man so viele Fähigkeiten in sich vereinen und trotz heftiger Lebensprüfungen, man könnte auch Schicksalsschläge sagen, so schöpferisch bleiben? Aber das ist noch lange nicht alles. Sie ist klug, reflektiert, unangepasst und schön.

Ihr fotografisches Werk »I, We Are« aus der Serie »My Last Hundred Years« (hier in Auszügen abgebildet) umfasst unter anderem 20 Selbstporträts, in denen die Künstlerin in Kleidern aus unterschiedlichen Epochen der chinesischen Geschichte aus 100 Jahren zu sehen ist. Wie eine Ausschneidepuppe, der man anziehen kann was man will, zeigt Xiao Hui Wang, wie konforme Reproduktion funktioniert. »My Last Hundred Years« spiegelt eine chinesische Gesellschaft, in der jede Individualität fehlt.

Dieses Fehlen von Individualität zeigt sich auch in der chinesischen Kunst, in der es kaum Porträts gibt, die die jeweilige Persönlichkeit zeigen. Ein Umstand, der sich erst unter dem Einfluss des Westens im 19. Jahrhundert ändert. Auf die Frage, warum diese Individualität fehlt, verweist Xiao Hui Wang auf die Lehren des Konfuzius, die seit Jahrtausenden die chinesische Gesellschaft formte und deren zentrale Grundlage die Einhaltung der gesellschaftlichen Ordnung sowie die Anerkennung von Hierarchie bilden. Nicht der Einzelne zählt, sondern die Art und Weise, wie das Einzelwesen die Gesellschaft bereichern kann.

Da Frauen in der Hierarchie stets weit unten zu finden waren, haben sie es besonders schwer gehabt, ihre Persönlichkeit zu entdecken und zu leben. Immer waren Väter, Brüder und Ehemänner auch »Vorgesetzte«, denen die Frauen ihren Gehorsam schuldeten.

Diesem Versäumnis des »Von-sich-selbst-kein-Bild-machen-Könnens-und-Dürfens« trägt Xiao Hui Wang Rechnung, die erlebt hat, dass es den Studentinnen noch in der Post-Mao-Ära verboten war, einen eigenen Spiegel zu besitzen. Wer zu lange in den einzigen Handspiegel der Wohngemeinschaft blickte, galt als eitel und wurde getadelt.

Vielleicht hat sie darum der Blick durch die Kamera gereizt. Zwischen dem Objekt der Betrachtung und den Augen des Betrachters hatte sich dieser kleine Fotoapparat geschoben, der das Alibi für Beobachtung war und gleichzeitig die nötige Distanz aufrechterhielt.

Seit Jahren fotografiert sie Frauen. In ihren Arbeiten »Early Temptation« spielt sie mit einem traditionell männlichen Blick. Die Frauen sind keine willenlosen, erotischen Lustobjekte mehr, sie bestimmen selbst, was sie wollen, wie und von wem. Die Spielregeln haben sich verändert und zwar auf allen Gebieten. Eine Weiterführung dieses Gedankens stellt der Fotozyklus »Shanghai Girls« dar, in dem Xiao Hui Wang junge Frauen in selbstbewussten Posen zeigt. Diese Frauen wissen, was sie von den Männern und der Gesellschaft wollen, welchen Beruf sie ausüben möchten und was ihnen wichtig ist – und sie sind körperbewusst und sexy.

Aber in diesen Bildern spiegelt sich auch die Oberfläche, die durch übertriebenen Konsum in die chinesische Gesellschaft eingedrungen ist und sich dort wie ein Geschwür ausbreitet. Einerseits, so sagt Xiao Hui Wang, gibt es heute in den großen Städten viele Unternehmerinnen und immer mehr Frauen, die in wichtigen Positionen in Kultur, Politik und Wirtschaft Karriere machen können, andererseits aber drohen viele Frauen unter dem Konsumzwang zu Modepuppen zu werden.

Frauen müssen sehr gut angezogen sein, vor allem, wenn sie in der Öffentlichkeit stehen, das verlangen eine extrem modeorientierte Gesellschaft und eine Medienwelt, die nicht genug bekommen kann von den gestylten Schönheiten. Und dabei bleibt oft und wieder einmal die Individualität auf der Strecke, betont Xiao Hui Wang, die dafür plädiert, einen eigenen Stil zu entwickeln und nicht blind dem zu folgen, was gerade en vogue ist und von einer Mode- und Schönheitsindustrie vorgeschrieben wird.

In ihrem Buch »Mein visuelles Tagebuch«, das in ihrem Heimatland zum Bestseller wurde und das auch in Deutschland erschienen ist, ist ein Foto von ihr und ihrer Großmutter abgebildet. Darunter steht, dass die Großmutter das etwa einjährige Kleinkind kaum auf dem Schoß halten konnte, weil es ihr aufgrund der zusammengebundenen Füße schwer war, die Balance zu halten. In den drei Generationen von Großmutter über Mutter bis zur Tochter spiegelt sich die Veränderung der Welt und der chinesischen ganz besonders. Was haben diese Frauen in den letzten 100 Jahren nicht alles erlebt und mit welchem physischen und psychischen Durchhaltevermögen mussten sie ausgestattet sein – im Krieg, während der Hungersnöte oder der Kulturrevolution. »Wir sehen nach vorn und nicht gerne zurück«, sagt Xiao Hui Wang, deren Mutter im Japanisch-Chinesischen Krieg drei Kinder und ihren ersten Mann verloren hat und die als Pianistin aus einem gebildeten Haus unter großen Repressalien während der Kulturrevolution zu leiden hatte. Aber auch der Vater musste als sogenannter »Konterrevolutionär« Demütigungen er-

fahren und war mehr als einmal so verzweifelt, dass ihn der Lebensmut verließ. Auf diesem Resonanzboden von Stärke, Liebe, Geborgenheit, Bildung und seelischem Gleichklang ist die Künstlerin aufgewachsen.

Um etwas zu erreichen, so sagt sie, genügt nicht allein Fleiß. Man muss auch Glück haben und ein Ziel. In China gibt es ein Sprichwort, das besagt, dass man erst die Mühsal auf sich nehmen muss, einen Berg zu erklimmen, weil man nur von oben den Weg sehen kann. Xiao Hui Wang ist auf viele Berge geklettert und sie hat sich immer wieder neuen Herausforderungen gestellt. Sie hat lange in München gelebt und lebt heute in Schanghai. In Deutschland wie in China hat sie große Anerkennung gefunden und ist mit zahlreichen Preisen ausgezeichnet worden. In ihrer Heimat hat sie den Status einer Ikone. Zwei Drittel ihrer Leser sind junge Frauen, die über die Lektüre ihres Buchs für das eigene Leben lernen wollen. Sie spricht aus, was anderen Frauen Mut macht.

In ihrer neusten Ausstellung, die sie im September 2009 in Schanghai eröffnet hat und die unter dem Motto »Good Girl Gone Barbie« steht, beschäftigt sie sich mit dem Einfluss der westlichen Modepuppe auf eine Generation von chinesischen Mädchen und Frauen, die u.a. mit diesem Schönheitsideal aufgewachsen sind. Dabei werden sie der Kontrast und Widerspruch gereizt haben, die darin bestehen, dass nun in China endlich Individualität gelebt werden darf und diese Individualität gleichzeitig bedroht ist von einem konsumgetriebenen Schönheitsdiktat, das alle Frauen gleich aussehen lässt.

In ihren künstlerischen Arbeiten, so besonders eindrucksvoll in »I, We Are«, hat sie immer wieder den Fingerzeig auf die zentrale Bedeutung der individuellen Persönlichkeit gelegt. Die chinesischen Frauen jedenfalls haben nach all den Jahrhunderten unterdrückter Individualität eine Künstlerin verdient, die ihnen nicht nur den Spiegel reicht, sondern ihnen auch den Spiegel vorhält.

»Zu dem Titel ›My Last Hundred Years‹ inspirierte mich ein Gespräch mit der Journalistin Beate Rusch von der Berliner Tageszeitung *TAZ*. In dem später von ihr verfassten Artikel war zu lesen, meine Biografie würde den Eindruck erwecken, ich sei mindestens 100 Jahre alt, so viel sei in meinem Leben geschehen. Ein anderer Journalist, Kai Strittmatter von der *Süddeutschen Zeitung*, schrieb: ›Sie lebt ihre 7 Leben auf einmal.‹
Diese Selbstporträts aus meiner Serie ›My Last Hundred Years‹ spiegeln die chinesische Gesellschaft, in der jegliche Individualität fehlt.«
Xiao Hui Wang

ZEITTAFEL

Dynastie	Wichtige Persönlichkeiten	Ereignisse
Legendäre und mythische Herrscher	• Fünf Kaiser und Kulturheroen	• Frühzeitliche Lokalkulturen
Xia-Dynastie (20. Jh. v. Chr.–16. Jh. v. Chr.?)	• Mo Xi *(17./16. Jh. v. Chr.)*, letzte Konkubine des Xia-Herrschers	
Shang-Dynastie (16. Jh. v. Chr.–11. Jh. v. Chr.)	• Fu Hao *(ca. 1040 v. Chr.)*, erste Generalin Chinas, ihr Grab wurde 1976 ausgegraben • Da Ji *(11. Jh. v. Chr.)*, Konkubine des letzten Shang-Herrschers	• Beginn der Bronzezeit • Anfänge schriftlicher Überlieferung • Orakelknocheninschriften
Zhou-Dynastie (11. Jh.–256/249 v. Chr.)	• Bao Si *(8. Jh. v. Chr.)*, Konkubine des letzen Königs der westlichen Zhou • Die Gattin des Xu Mu, *früheste Dichterin Chinas, die ihren Heimatstaat Wei rettete* • Xi Shi *(5. Jh. v. Chr.)*, eine der Vier Schönheiten • Mutter des Philosophen Mengzi *(ca. 4. Jh. v. Chr.)*, Vorbild aller Kindeerziehung	• Ahnen- und Himmelskult der Könige • Der König als »Himmelssohn« • Feudalstaat • 841 v. Chr. Erste chinesische Datumsangabe • 479 v. Chr. Tod des Konfuzius
Qin-Dynastie (246–206 v. Chr.)		• 221 Reichseinigung unter Qin Shihuangdi, dem ersten chinesischen Kaiser, legalistischer Zentralstaat, Vereinheitlichung der Schrift und Kupfermünzen, Normierung der Hohl- und Längenmaße, Ausbau des Verkehrsnetzes und der Verteidigungswälle
Westliche Han-Dynastie (206 v. Chr.–8)	• Lü Zhi *(241–180 v. Chr.)*, Frau des ersten Kaisers der Han und spätere Herrscherin • Zhuo Wenjun *(1. Jh. v. Chr.)*, brannte mit dem Dichter Sima Xiangru durch und musste die Unbeständigkeit der Liebe der Männer beklagen • Wang Zhaojun *(1. Jh. v. Chr.)*, eine der Vier Schönheiten • Yan Chunyu *(1. Jh. v. Chr.)*, Hofärztin • Ban Jieyu *(48–2? v. Chr.)*, tugendhafte Dichterin und Konkubine, die sich weigerte, mit dem Kaiser in einem Wagen zu fahren • Zhao Feiyan *(gest. 1 v. Chr.)*, Tänzerin und Konkubine des Kaisers Cheng	• 202 Liu Bang setzt sich im Kampf gegen Xiang Yu durch und ernennt sich zum Kaiser Chang'an wird die Hauptstadt der Han-Dynastie • Expansion des Reiches, vor allem Richtung Norden und Zentralasien • Institutionalisierung der Klassikergelehrsamkeit und Ausbau des Konfuzianismus zur Staatsreligion
Xin-Dynastie (9–23)	• Mutter Lü *(20 v. Chr.–17 n. Chr.)*, Anführerin eines Bauernaufstands gegen Wang Mang	• 9 Wang Mang proklamiert sich zum Kaiser der Xin-Dynastie
Östliche Han-Dynastie (25–220)	• Ban Zhao *(45–117)*, erste Historikerin • Meng Guang *(1. Jh. n. Chr.)*, sehr starke, aber unansehnliche Frau des Einsiedlers Liang Hong, Vorbild aller tugendhaften Ehefrauen • Deng Sui *(81–121)*, Kaiserin und weise Politikerin • Cai Wenji *(177–250)*, Dichterin, die von den Xiongnu entführt wurde	• 25 Liu Xiu wird zum Neugründer der Han-Dynastie • Luoyang wird die neue Hauptstadt • Ankunft des Buddhismus in China • Aufstand der Gelben Turbane und der Fünf-Scheffel-Reis-Sekte (Ende 2. Jh.) • 208 Schlacht an der Roten Klippe

ZEITTAFEL

Dynastie	Wichtige Persönlichkeiten	Ereignisse
Die Drei Reiche (220–280)	• Diaochan, eine der Vier Schönheiten	• Zerfall des Reiches in drei Teilreiche: Wei (220), Shu (221) und Wu (229) • 263 Wei nimmt Shu ein
Westliche Jin-Dynastie (265–316)	• Jia Nanfeng (256–300), machtsüchtige Kaiserin, der man die Rebellion der Acht Könige (291–306) anlastet • Lü Zhu (gest. 300), berühmte Konkubine des Shi Zong	• 265 Sima Yan ergreift in Wei den Thron und gründet in Luoyang die Jin-Dynastie • 280 Annexion von Wu, erneute Reichseinigung • Erneuter Zerfall des Reiches in der Folge der Machtkämpfe nach dem Tod des Dynastiegründers • 304 Der Xiongnu Liu Yuan gründet das Reich der Früheren Zhao auf dem Gebiet der Provinz Shanxi • Es beginnt mit der Errichtung von unabhängigen Reichen im Norden die Epoche der 16. Reiche der Barbaren
Östliche Jin-Dynastie (317–420)	• Bao Gu (309–363), Akupunkteurin und daoistische Heilerin • Xie Daoyun (4. Jh.), Gelehrte und Dichtern • Su Hui (380–440) schrieb aus Sehnsucht nach ihrem Mann einen quadratischen Text aus 841 Zeichen, in dem sich in allen möglichen Richtungen Gedichte verbargen und in dessen Mitte das Zeichen »Herz« stand	• 317 Sima Rui gründet die Östliche Jin in Jiankang
Nördliche Dynastien (386–581) und Südliche Dynastien (420–589)	• Hua Mulan (4./5. Jh.), legendäre Heldin • Feng Xiaolian (6. Jh.), Konkubine des letzen Herrschers der nördlichen Qi, Gao Wei, welcher der Untergang des Reiches zugeschrieben wird • Liu Chuyu (446–465), Prinzessin der Liu Song, welche einen Harem von dreißig Männern gehabt haben soll • Su Xiaoxiao (5. Jh.), Kurtisane • Pan Yunu (?–501), Konkubine des vorletzten Kaisers der Qi, Xiao Baojuan, berühmt für ihre kleinen Füße • Zhang Lihua (560–589), Konkubine des letzten Kaisers der Chen, Chen Shubao	
Sui-Dynastie (581–618)	• Kaiserin Wenxian (543–602), begabte Politikerin und Kaiserin an der Seite des ersten Herrschers der Sui	• 589 Einnahme der Chen-Dynastie: erneute Reichseinigung • 605 Bau des Großen Kanals
Tang-Dynastie (618–907)	• Prinzessin Wencheng (ca. 623–680), Palastdame, die mit einem Herrscher der Turfan verheiratet wurde • Wu Zetian (624–705), einzige offizielle Kaiserin • Yang Guifei (719–756), eine der Vier Schönheiten • Li Jilan (8. Jh.), berühmte Dichterin • Lu Meiniang (8. Jh.), Unsterbliche und berühmte Stickerin, die sieben Kapitel eines buddhistischen Sutras auf ein einziges Taschentuch sticken konnte • Xue Tao (768–832), berühmte Dichterin • Cai Xunzhen (8 Jh.) und Li Tengkong (8. Jh.), berühmte daoistische Ärztinnen • Shanzu (8./9. Jh.), berühmte Köchin des Ministers Duan Wenchang • Yu Xuanji (844–868?), Kurtisane	• 618 Aufständische besetzen die Hauptstadt Chang'an, Li Yuan wird zum Kaiser ausgerufen und gründet die Tang-Dynastie • Wu Zetian gründet die Zhou-Dynastie (690–705) • 751 Niederlage am Talas gegen die Araber • Rebellion des An Lushan und Shi Siming (755–763) • 902 Yang Xingmi wird König des Staates Wu, damit beginnt die Epoche der Fünf Dynastien und Zehn Staaten, Zerfall des Reiches

ZEITTAFEL

Dynastie	Wichtige Persönlichkeiten	Ereignisse
Fünf Dynastien (907–960) & Zehn Staaten (902–979)	• Madame Huarui *(10. Jh.)*, Konkubine des letzten Herrschers der späteren Shu, Meng Chang, Dichterin	• 907 Zhu Qianzhong ernennt sich zum Herrscher der späteren Liang • 908 Aidi, der letzte Herrscher der Tang wird vergiftet
Nördliche Song-Dynastie (960–1127) Südliche Song-Dynastie (1127–1279)	• Li Qingzhao *(1084–1151?)*, berühmteste Dichterin Chinas • Liang Hongyu *(1102–1135)*, Frau des Generals Han Shizhong, Heldin im Kampf gegen die Jin • Kaiserinmutter Gao *(1032–1093)*, begabte Regentin • Zhang Xiaoniangzi *(12. Jh.?)*, berühmte Ärztin, bewandert in äußerer Medizin • Huang Daopo *(12. Jh.)*, legendäre Innovatorin der Webtechnik • Zhu Shuzhen *(12. Jh.)*, Dichterin	• 960 Zhao Kuangyin ruft die Song-Dynastie aus • 979 Die Song erlangen die Alleinherrschaft, erneute Reichseinigung • 1125 Einnahme des Qidan-Reiches der Liao durch die Jin • 1126 Jin nehmen den Kaiser samt seines Hofstaats in Gefangenschaft • 1127 Zhao Gou ernennt sich zum Herrscher der Südlichen Song • 1227 Dschingis Khan stirbt, der Staat der Xixia wird von den Mongolen ausgelöscht • 1234 Die Jin werden von den Mongolen eingenommen
Yuan-Dynastie (1272–1368)	• Guan Daosheng *(1262–1319)*, berühmte Malerin • Guo Zhenshun *(1312–1436)*, Dichterin, die ihren Heimatort mit einem Gedicht rettete	• 1272 Khubilai ruft die Yuan-Dynastie aus • 1280 Khubilai herrscht über ganz China • 1364 Zhu Yuanzhang ernennt sich zum König von Wu
Ming-Dynastie (1368–1644)	• Tan Yunxian *(1461–1554)*, berühmte Ärztin, verfasste eigenes Buch über Frauenmedizin • Huang E *(1489–1569)*, Frau des berühmten Gelehrten Yang Shen, hochgebildete Literatin • Qin Liangyu *(1574–1648)*, Kriegerin der Ming-Résistance • Dong Xiaoyuan *(1624–1651)*, berühmte Kurtisane und Meisterköchin • Shen Yunying *(1624–1660)*, Kriegerin der Ming-Résistance • Chen Yuanyuan *(1624–1681)*, Kurtisane	• 1368 Zhu Yuanzhang ruft die Ming aus • Seeexpeditionen des Eunuchen Zhenghe (1405–1433) • Bau der mingzeitlichen Großen Mauer • 1421 Die Hauptstadt wird von Nanjing nach Beijing verlegt • 1557 Portugiesen lassen sich in Macao nieder • 1616 Nurhaci gründet die Spätere Jin-Dynastie • 1636 Huangtaiji ruft in Mukden die Qing-Dynastie aus • 1643 Fulin tritt die Herrschaft an • 1644 Fall Beijings
Qing-Dynastie (1644–1912)	• He Shuangqing *(1713–1736)*, legendäre Dichterin aus einfachen Verhältnissen • Wang Zhenyi *(1768–1797)*, Astronomin • Wang Cong'er *(1777–1798)*, Anführerin des Weißer Lotus-Aufstands • Wang Yun *(1774–1854)*, Dramatikerin • Shi Xianggu *(18./19. Jh.)*, bekannt als Zheng Yi Sao, legendäre Piratengeneralin der Rotflaggen-Flotte • Qiu Jin *(1875–1907)*, Rebellin und Feministin • Cixi Taihou *(20. Jh.)*, die letzte Regentin	• 1644 Fulin lässt sich zum Kaiser von China ausrufen • 1645 Chinesen müssen Zopf und mandschurische Kleider tragen • 1662 Tod des Yongli-Herrschers der Südlichen Ming • 1793 Mcartney-Gesandtschaft • Opiumkriege (1839–1842 und 1856–1860) • 1841 Besetzung Hongkongs durch die Briten • Taiping-Rebellion (1850–1864) • 1. Japanisch-Chinesischer Krieg (1894 bis 1895), 1895 Vertrag von Shimonoseki, China tritt Korea und Formosa an Japan ab • 1900 Boxeraufstand

ZEITTAFEL

Dynastie	Wichtige Persönlichkeiten	Ereignisse
Die Zeit der Republik China Volksrepublik China (ab 1949)	• Sai Jinhua *(gest. 1936), legendäre Gesandte, Kurtisane und dreifache Ehefrau* • Lü Bicheng *(1883–1943), Feministin und Dichterin* • Song Qingling *(1893–1981), Frau von Sun Yat-sen, Vizepräsidentin der Republik China und späteres Staatsoberhaupt* • Song Meiling *(1897–2003), Frau von Chiang Kai-shek* • Lu Xiaoman *(1903–1963), Lebefrau* • Lin Huiyin *(1904–1955), Dichterin und Architektin* • Deng Manwei *(1911–1942), Opernsängerin* • Fang Zhaoling *(1914–2006), moderne Tuschmeisterin* • Zhang Ailing *(1920–1995), Schriftstellerin und Übersetzerin*	• 1. Januar 1912 Sun Yat-sen proklamiert als vorläufiger Präsident die Republik China • 1912 Yuan Shikai wird erster Präsident der Republik • 1916 Yuan Shikai ruft sich zum Kaiser aus • 1919 4.-Mai-Bewegung • 2. Japanisch-Chinesischer Krieg (1937–1945) • 1948 Chiang Kai-shek wird zum Präsidenten der Republik gewählt • 1949 Gründung des Gesamtchinesischen Frauenbundes • 1. Oktober 1949 Mao Zedong proklamiert die Volksrepublik China • Kulturrevolution (1966–1976) • 1992 Gesetz der Volksrepublik China zum Schutz der Rechte und Interessen der Frauen • 30. Juni 1997 Rückgabe Hongkongs an die VR China • 20. Dezember 1999 Rückgabe Macaos an die VR China • 2008 Olympische Sommerspiele in Peking

Weiterführende Literatur

Chang, Kang-yi Sun und Haun Saussy, »Women Writers of Traditional China: an Anthology of Poetry and Criticism«, Stanford: Stanford University Press, 1999.
Ebrey, Patricia Buckley, »Women and the Family in Chinese History«, New York: Routledge, 2003.
Hinsch, Bret, »Women in Early Imperial China«, Lanham: Rowman & Littlefield Publishers, 2002.
Idema, Wilt L., »The Red Brush. Writing Women of Imperial China«, Cambridge: Harvard University Asia Center, 2004.
Kralle, Jianfei und Dennis Schilling (Hg.), »Schreiben über Frauen in China«, Wiesbaden: Harrassowitz, 2004.
Pan, Lynn, »Tracing it Home. A Chinese Family's Journey from Shanghai«, New York: Kodansha International, 1993.
Raphals, Lisa, »Sharing the Light. Representations of Women and Virtue in Early China«, Ithaca: State University of New York Press, 1998.
Wang Xiaohui, »Mein visuelles Tagebuch«, Hamburg: Hoffmann und Campe, 2006.
Wang Yun, »A Dream of Glory. Fanhuameng: A Chinese Play«, Hongkong: Chinese University Press, 2008.
Weidner, Marsha u.a., »Views from Jade Terrace: Chinese women artists, 1300–1912«, Indianapolis: Indianapolis Museum of Art, 1988.
Zheng, Wang, »Women in the Chinese Enlightenment. Oral and Textual Histories«, Berkeley: University of California Press, 1999.
Zurndorfer, Harriet (Hg.), »Chinese Women in the Imperial Past. New Perspectives«, Leiden: Brill, 1999.

Bildnachweis

Umschlagabbildungen
vorne: Kuni Taguchi unter Verwendung eines Porträts der Kaiserinwitwe Cixi, Gemälde von Hubert Vos (1855–1935) aus dem Jahr 1905, Öl auf Leinwand, Vermächtnis Grenville L. Winthorp, Harvard University Art Museum, Cambridge, Massachusetts/akg-images
hinten: Fang Zhao Ling (siehe S. 139); FOTOE (2; siehe S. 26 u. 135); akg-images/François Guénet (siehe S. 85)

Vorwort Lynn Pan
S. 8 aus: »Lienü zhuan« (Biografien beispielhafter Frauen), Ming-Ära (1368–1644); S. 9 Bibliothek Schanghai; S. 10 Plakatmotiv, Reklame, um 1940; S. 11 aus dem Film: »Mulan Joins the Army«/»Maiden in Armour«, 1939, Regie: Bu Wencan

Einführung Marc Nürnberger
S. 14 The Pepin Press B.V., Amsterdam; S. 16 Ausschnitt aus dem Bild »Sechzig Schönheiten«, traditionell Qiu Ying (1494?–1552?) zugeschrieben/Institut für Sinologie, München; S. 17 Nachahmung einer Wandmalerei aus Dunhuang von Zhang Daiqian (1899–1983)/Institut für Sinologie, München; S. 18 Ausschnitt aus einer Kopie des Zhang Xuan (8. Jh.) zugeschriebenen Bildes »Palastdamen bereiten die Seide vor«/Institut für Sinologie, München; S. 19 The Pepin Press B.V., Amsterdam

akg-images
S. 39 »Kaiserpalast in Peking« (Ausschnitt), Lithografie, 1742/akg-images/Erich Lessing; S. 51; S. 52 akg-images/Werner Forman; S. 53; S. 54/55; S. 85 akg-images/François Guénet; S. 86/87 akg-images/Erich Lessing; S. 88 akg-images/Werner Forman; S. 89 (Ausschnitt S. 88)

The Art Archive
S. 12/13 The Art Archive/John Meek; S. 6/7 »Frauen im Pavillon«, Porzellanteller im Famille-Verte-Stil (Ausschnitt), Qing-Dynastie (1644–1912)/The Art Archive/Musée Guimet Paris/Gianni Dagli Orti; S. 36/37 »The 6 Paths to Rebirth and the 10 Kings«, Gemälde auf Seide, um 983, Musée Guimet, Paris/The Art Archive/Musée Guimet Paris/Gianni Dagli Orti; S. 115 Porzellanmalerei, Qing-Dynastie (1644–1912), The Art Archive/Musée Guimet Paris/Gianni Dagli Orti

Bridgeman Berlin
S. 47 Musée Guimet, Paris/Archives Charmet/Bridgeman Berlin

Cleveland Museum of Art, Ohio
S. 44 Kaiserin Xiaoxian (Ausschnitt)

Fang Zhao Ling
S. 125 (Ausschnitt S. 140); S. 138; S. 139; S. 140; S. 141 aus: Katalog zur Ausstellung, 24.9.1988 bis 5.11.1988, Fung Ping Shan Museum, Universität Hongkong

FOTOE
S. 21 (Ausschnitt S. 26/27); S. 23; S. 25; S. 26/27; S. 28; S. 30; S. 41 u.; S. 42; S. 43; S. 57 (Ausschnitt S. 69); S. 66; S. 69; S. 75; S. 77; S. 78; S. 81; S. 92; S. 93; S. 97; S. 99; S. 105; S. 107; S. 117 (Ausschnitt S. 121); S. 121; S. 123; S. 127; S. 133; S. 134; S. 135

Nationalbibliothek Taipeh
S. 83

Nationalgalerie Prag
S. 137 Chiang Chao-ho, »Die Mutter«, Tuschzeichnung auf ungeleimtem Lederpapier, 1951

Neue Residenz Bamberg
S. 111 Tapisserie »Die Astronomen«, Manufaktur Beauvais, um 1720–1730, Wolle, Seide

Palastmuseum Peking
S. 110; S. 94/95 »Alltagsszenen der Hofdamen des Kaisers Yongzheng«, Qing-Dynastie, Ära Yongzheng (1723–1735), Tusche und Farbe auf Seide; S. 100 »Freizeitvergnügen der kaiserlichen Konkubinen«, Chen Mai (ca. 1694–1745), Qing-Dynastie, Ära Qianlong, vor 1745, Tusche und Farbe auf Seide; S. 101 »Konkubine im hanzeitlichen Gewand«, Qing-Dynastie, vor 1766, Tusche und Farbe auf Seide; S. 152 wattierte Frauenschuhe, Qing-Dynastie, Ära Guangxu (1875–1908), Satin, Seide, Baumwolle, H. 20 cm, L. 23 cm

Privatsammlung
S. 45 Winterliche Kopfbedeckung für eine Kaiserin, *chao guan*, Gemälde auf Seide; S. 62 *chao pao* für den Sommer, traditionelles Gewand einer Kaiserin

Scala Archives
S. 33 Musée Royaux d'Art et d'Histoire © 2008. Foto Werner Forman Archive/Scala, Florenz

Schanghai Museum
S. 136 Zhang Ruitu (1570–1641), »Du Fus fünfsilbiger Regelvers in Laufschrift«, Schanghai Museum

Staatliche Kunstsammlungen Dresden
S. 103 »Prinzessin Baihua ernennt Generäle« (Ausschnitt), Qing-Dynastie, 17. Jh., Farbholzschnitt/Kupferstichkabinett

ullstein bild
S. 49 ullstein bild – sinopictures/HuiHai

Universitätsbibliothek München
S. 112/113 Ferdinand Verbiest, kolorierter Leporello, 1668, Seidenpapier, Peking

Xiao Hui Wang
S. 142; S. 143–145 Selbstporträts »I, We Are« aus der Serie »My Last Hundred Years« von Xiao Hui Wang

Weitere
S. 35 aus: Stephen Little: »Taoism and the Arts of China«, The Art Institute of Chicago, Chicago 1954; S. 91 (Ausschnitt S. 101); S. 63 Farbig bestickter, umsäumter, weitärmeliger Qipao vom Ende der Qing-Dynastie/Institut für Sinologie, München; S. 73 und S. 149 Damen mit durch Bänder verzierten Haarknoten, Ausschnitt aus dem songzeitlichen Bild »Halbmüßige Herbststimmung«/Institut für Sinologie, München; S. 119 »Mulan Enlists in the Army«, 1954, Tusche auf Papier/First Community Picture Publishing House Shanghai; S. 79 aus: »The Story of Lady Wen-chi. Fourteenth-Century Handscroll in theMetropolitan Museum of Art«, Metropolitan Museum of Art, New York 1974

Xiao Hui Wang

Xiao Hui Wang wird 1957 in Tianjin im Norden Chinas geboren. Das Studium der Architektur beginnt und beendet sie an der renommierten Tongji-Universität in Schanghai. 1986 erhält sie ein Stipendium in München. Ihre akademische Laufbahn als Architektin gibt sie zugunsten der Fotografie auf. 1991 kommt ihr Mann bei einem Verkehrsunfall in Deutschland ums Leben, sie selbst wird lebensgefährlich verletzt. Die Aufnahmen, die sie kurz nach dem Unfall im Krankenhaus von sich selbst macht, gehören zu ihren eindrucksvollsten Selbstporträts. 1997 wird Xiao Hui Wang mit dem KODAK-Fotopreis in China ausgezeichnet. Heute ist sie Professorin für Fotokunst an der Tongji-Universität in Schanghai und hat eine Gastprofessur an der National University in Peking inne. Ihr Autobiografie »Mein visuelles Tagebuch« wurde in ihrem Heimatland zu einem Bestseller. Xiao Hui Wang, die sich in ihrem Werk immer wieder mit der gesellschaftlichen Position der Frauen in China beschäftigt, gehört zu den bekanntesten zeitgenössischen Künstlerinnen des Landes.

Auf Deutsch erschienen:
»Töchter des halben Himmels. Sieben Frauen aus China«, Fischer-TB: Frankfurt/Main 2000; »Mein visuelles Tagebuch«, Hoffmann und Campe: Hamburg 2006

歷代婦女